Die Macht 1

BRD - GmbH

Gesellschaft mit beschränkter Hoffnung

Vorbehaltserklärung:
Dieses Buch ist dazu bestimmt, Informationen in Bezug auf die zu behandelten Themen zu vermitteln. Der Zweck dieses Buches liegt darin, zu lehren und zu unterhalten. Weder der Autor, noch der Verlag/Vertrieb sind irgendeiner Person oder Wesenheit gegenüber schadenersatzpflichtig oder verantwortlich im Falle eines Verlustes oder Schadens, der direkt oder indirekt durch die in diesem Buch enthaltene Information verursacht worden sein könnte.

John May

Die Macht I

BRD - GmbH

Gesellschaft mit beschränkter Hoffnung

EDITION J.M

im

MICHAELS VERLAG, 86971 PEITING

„Nichts in diesem Buch ist wahr - und doch ist alles genau so, wie es in Wirklichkeit ist“.
Bob Frissell

ISBN 3-89539-492-0

2. Auflage 10/97
Edition Jonathan May
Sonnenbichl 12, 86971 Peiting
Tel.: 08861-59018 Fax: 08861-67091
Druck: EuroGraf s.r.l., Bologna, Italien

Zueignung

Dieses Buch widme ich alle den Menschen, die unter MACHT zu leiden haben.
Deren Leid ist so vielfältig wie die Darstellungsmöglichkeiten der Macht.

Da gibt es Kriegsopfer und Folteropfer und Opfer verschiedenster Haftbedingungen, Opfer in den Fabriken und den Büros, Opfer in Beziehungen und den Heimen. Die Liste der Opfer ist grenzenlos.

Es gibt offene Opfer und heimliche Opfer, direkte und indirekte Opfer. So sind natürlich auch alle diejenigen Opfer der Macht die „nur" Angst haben müssen - Angst vor Repressalien z.B.

In diesem Sinne sind meine Familie, und natürlich auch ich, Opfer.

Aber es gibt in der Auseinandersetzung zwischen der Wahrheit und der Macht, zwischen der Freiheit und der Macht und schließlich und schlußendlich zwischen der Liebe und der Macht keinen anderen Weg.
Dieser Weg ist immer auch ein Weg der Opferbereitschaft. Aber es gibt diesen großen, entscheidenden Unterschied, ob Du Opfer wirst, weil die Macht Dir Stück für Stück alles

nimmt; oder ob Du aus Dir heraus, in aller Freiheit einen Schritt machst, raus aus der Macht, hinein in die Freiheit - in die Freiheit und in die damit verbundene Verantwortung.
Dieser Schritt kostet Kraft und Mut und Opferbereitschaft. Gehst Du aber den Schritt in Freiheit, bist Du der Handelnde - wirst Du feststellen, daß der Ausspruch Christi in der Nacht, als er verhaftet wurde und er und seine Jünger von den Schergen des Systems gefragt wurden, wer von ihnen denn Jesus sei und er mit einem schlichten: „ICH BINS“ antwortete, daß diese 2 Worte dann für Dich bedeutungsvoll werden. Der, der sich in solch einer Situation mit einem „ICH BINS“ offen bekennen kann, der kann dann auch sagen: „ Folge mir nach“ oder auch: „mein Joch ist sanft, mein Kreuz ist leicht“.

Erinnerung

An dieser Stelle wollen wir an einen Täter, der gleichzeitig Opfer war, erinnern, an den Menschen und Menschenjäger

Antonio Arguedas

ohne den CHE vielleicht nicht so früh gestorben wäre

ohne den CHE`s Tagebuch vielleicht nie erschienen wäre

ohne den uns gewisse Informationen über die Sauereien des US Geheimdienstes CIA nicht bekannt worden wären.

Er wurde 6 Wochen nach dem völlig plötzlichen Tod des bolivianischen Präsidenten Barrientos auf offener Straße erschossen - genau 4 Wochen bevor ein weiterer Menschenjäger, Herberto Rojas, der Führer der bolivianischen Rangers, ermordet wurde.

Alle 3 standen im engsten Kontakt zur CIA.
Alle 3 waren an der Menschenjagd auf CHE beteiligt.
Alle 3 äußerten sich kritisch über den CIA
Alle 3 mußten innerhalb von 10 Wochen sterben.

Ein Schelm, der Böses dabei denkt.

Die Revolution, so heißt es, frißt ihre Kinder. Ich weiß es nicht, ob das eine Gesetzmäßigkeit ist.

Was ich weiß ist: die Spinne frißt ihre Männchen, nach getaner Arbeit.
In diesem Buch hoffen wir, einen Blick auf das Spinnennetz und auf die Spinne dahinter werfen zu können.

Antonio Arguedas erscheint mir exemplarisch zu sein. Man bedient sich seiner, er scheint Rad oder Rädchen gewesen zu sein, in einem fast perfektionierten System - Handelnder, durch den gehandelt wurde, Täter, durch den getan wurde und zum Schluß Opfer.

Inhaltsverzeichnis

Vorwort

Viele meiner Bekannten haben mich gefragt, warum ich ein solches Buch schreibe – „Gerade jetzt, wo die Staatsanwaltschaft Jans Bücher gerade blockiert." (gemeint sind die Bände *Geheimgesellschaften I und II* von **Jan van Helsing.**) „Hast Du keine Angst, Dich an solche Themen heranzuwagen?"
Solche oder ähnliche Fragen wurden mir in den letzten Wochen und Monaten oft gestellt.
Ich weiß nicht, ob dieses Buch von staatsanwaltlicher Seite blokkiert werden kann. Daß diese Bücher gerade jetzt erscheinen (es folgen folgende Titel: *Die Macht II* und *Die Macht III*), hat sehr unterschiedliche Gründe.
Seit vielen Jahren sammeln sich zahllose Informationen bei mir. Informationen, die ich gerne verarbeitet und veröffentlicht hätte. Erstens fehlten immer noch relevante Bereiche, zu denen ich gern noch etwas gesagt hätte, zweitens weichen meine und Jans Einschätzungen, in einigen Punkten voneinander ab. In der Einschätzung gewisser Zusammenhänge wichen unsere Beurteilungen zum Teil doch erheblich voneinander ab.
Nun stellte sich für uns die Frage: Sollten wir nicht alle wichtigen, relevanten Informationen, die uns bisher vorliegen, zusammenfassen und sie in Buchform bringen?

Der andere Punkt ist, daß ich sehr wohl weiß, daß es bestimmte Kreise gibt, die über die Veröffentlichung gewisser Informationen nicht gerade begeistert sein dürften. Diese Gruppen sind unter Umständen auch bereit, Informationen zu unterdrücken, und gehen bei der Durchsetzung ihrer Ziele ganz eigentümliche Wege.

Wenn es stimmt, daß die Wahrheit frei macht, dann können die wirklich Mächtigen nur Angst vor der Wahrheit haben.
Mein „Traum“ und meine Überzeugung ist es, daß des Menschen höchstes Gut die Freiheit ist. Es ist die Freiheit, die die Würde des Menschen ausmacht. So wie es ein Wesen der Liebe gibt und so wie es Wesen der Weisheit und Wesen der Zeit gibt, so gibt es auch Wesen der Macht, genau so glaube ich, daß der Platz des Menschen in der geistigen Hierarchie das Reich der Freiheit ist. Ja, ich glaube, daß der Mensch das *Wesen der Freiheit* ist.

Das *Wesen der Liebe*, daß ich *die Gottheit* nenne, liebt den Menschen so sehr, daß es ihm die Freiheit geschenkt hat. Dieses Geschenk war der Gottheit so wichtig, daß sie sich um ihretwillen in ihrer eigenen Allmacht beschränkte (vergleiche dazu das Buch *Der Anfang*, Edition Pandora, Peiting, ISBN 3-89539-298-7).
Liebe, Opfer, Verzicht – Verzicht auf Allmacht – ist der Weg, den uns die Gottheit aufgezeigt hat. Dies scheint mir der einzige Weg, die Macht die uns einschränken will, zu überwinden. Ja, ich glaube, daß der Mensch das Wesen der Freiheit ist.

Nun mag es Wesen geben, die in der freiwilligen Beschränkung, in dem Opfer der Liebe, eine Schwäche sehen. Dies stimmt insofern, als Liebe ja zweifellos „*ohn-mächtig*“, also *ohne Macht*anspruch und insofern „schwach“ ist. Solche Wesen, die im Opfer, im Verzicht auf die Allmacht, eine Schwäche sehen, können dem Wesen der Liebe, die „Machtfrage“ stellen. Sie können versuchen, sich selbst als die mächtigsten Wesen darzustellen.
Wenn das Wesentliche (das Wesen) des Menschen die Freiheit ist, so werden die Wesen der Macht versuchen, genau dort „den He-

bel anzusetzen". Ihr ganzes Bemühen wird sich darauf richten, die Freiheit zu zerstören, denn wer des Menschen Freiheit in seiner Gewalt hat, der hat sich auch seiner Seele, seines tiefsten Wesens be-*mächt*-igt.

Hier kann nur die Kraft der Liebe ein Gegengewicht darstellen, jene grenzenlose Liebe, die uns im Anfang die Freiheit zum Geschenk machte – im festen Glauben daran, daß wir damit verantwortlich und in Liebe umgehen und uns somit dieses einzigartigen Geschenkes würdig erweisen sollten. In diesem Spannungsfeld entwickelt sich die menschliche Seele. In diesem Spannungsfeld leben wir.

Nun ist meine Betrachtungsweise dieser Situation, wie ich sie gerade skizziert habe, natürlich beileibe nicht die einzig mögliche Betrachtungsweise. Sie, liebe Leserin/lieber Leser haben vielleicht eine ganz andere Theorie, und das ist vollkommen in Ordnung so. Es ist z. B. nicht relevant, ob es ein einziges geistiges Wesen gibt, das die Macht verkörpert, es ist ebensowenig relevant, ob es eine oder mehrere Gruppen von Außerirdischen gibt, die seit Jahrtausenden versuchen, uns zu versklaven oder uns in unserer Entwicklung voranzutreiben (was bezüglich unserer Freiheit auf das selber herauskäme), und es spielt auch keine Rolle, ob die ganze Machtproblematik nur eine Projektion „innerpsychischer Konflikte" ist. Auch spielt die politische Dimension, die Frage nämlich, ob Menschen verschiedener politischer Überzeugungen versuchen, globale Machtstrukturen aufzubauen und eine „geheime Weltregierung" zu installieren, nicht eine solch große Rolle, wie es auf den ersten Blick erscheinen mag.

Warum nicht? Das ist ganz einfach zu erkläre: Im Hauptteil des Buches werde ich „nur“ Methoden, Arbeitsweisen und Auswirkungen von Machtstrukturen schildern, werde darstellen, wie wir hier unserer Rechte beraubt werden, wie wir Scheibchen für Scheibchen unserer Freiheit verlieren, wie unsere Unterdrückung immer stärker wird, wie also die Illuminaten oder Wirtschaftsmagnaten arbeiten. Wir werden aufzudecken versuchen, wer sie sind und hinter welchen Organisationen sie sich verstecken. Um also zu erkennen, was hier gespielt wird, wie wir des Wichtigsten, was wir besitzen (unserer Freiheit) beraubt werden, spielt es erst mal keine Rolle, welchen „inneren“ Standpunkt wir in der Frage einnehmen. Der Hauptteil des Buches ist also erst einmal völlig unabhängig von den Beweggründen und Motivationen der Herrschenden. Diese Frage stellt sich erst dann, wenn wir nach Antworten auf die Herausforderung suchen, vor die uns *die Macht* stellt.

Doch wir wollen nicht den zweiten Schritt vor dem ersten gehen: Die Diagnose geht der Heilung doch stets voraus. Wollen wir allerdings schließlich doch zur Heilung schreiten, so sollten wir uns nicht auf Symptombehandlung beschränken. Dann sollten wir bereit sein, das Geschwür samt seinen Wurzeln zu entfernen.
Dies bedeutet aber nicht, daß wir uns dem Problem ausschließlich aus einer spirituellen Sicht nähern wollen. Auch die politische und psychologische Betrachtungsweise ist hier enorm wichtig. Wir müssen einen Mittelweg finden: Eine ausschließlich esoterische Auseinandersetzungen, wie sie leider von viel zu vielen Menschen betrieben wird, gleicht eher einer Form von „geistiger Onanie“, die zwar für ihre Urheber hinreichend genußvoll sein mag, der es aber an „befruchtender“ Wirkung auf die Mitwelt fehlt. Den Kampf je-

doch ausschließlich auf der „untersten", der politischen Ebene auszufechten, ohne die geistige Dimension der Macht zu erkennen, erscheint mir als bloßer „Stellvertreterkrieg". Wir würden dadurch einer Horde Kinder gleichen, die sich im Kasperletheater über die Missetaten des „Teufels" oder des „Krokodils" ereifert, ohne die dahinterstehenden „Puppenspieler" auch nur zu bemerken.

Dieses Buch (und seine Nachfolger *Macht II + III*) versucht also, neben der Diagnose auch Heilungsansätze zu liefern, die ‚richtig verstanden, zu einer spirituellen **und** politischen Arbeit anregen können.

Was zu tun ist, läßt sich leicht sagen, und ist doch so schwierig umzusetzen:

1. Aufdecken von Macht und Machtstrukturen.
2. Sich seine Freiheit nehmen – in Liebe und Verantwortung – und leben. Sich nicht mehr seine Würde abkaufen lassen, sich nicht mehr einschläfern lassen, sich nicht mehr verbiegen lassen. Wahrheit ist die beste Waffe.

Wenn ich also eine Antwort auf die Frage geben kann, warum ich trotz diverser Risiken und Ängste dieses Buch geschrieben habe, dann lautet sie so: daß ich die Hoffnung hege, damit bei einigen Menschen Sensibilität, Wachsamkeit für das zu schärfen, was hinter den Kulissen geschieht. Und daß dieses „Samenkorn" der Wachsamkeit auf den „Nährboden" solcher Seelen fällt, die gleichzeitig die Kraft und den Mut finden, aufzustehen, die mindestens in ihrem persönlichen Bereich anfangen, „Handelnde" zu werden, anstatt in der Opferrolle zu verharren.

Die eingangs gestellte Frage, ob ich Angst empfinde, kann ich eigentlich nur mit einem eindeutigen „Ja und Nein“ beantworten.
„Ja“, denn es gibt immer wieder Momente, in denen mich erhebliche Bedenken überfallen, die ich wohl mit dem Begriff „Angst“ umschreiben kann.
„Nein“, weil ich zutiefst davon überzeugt bin, daß ich nicht allein bin, daß ich auch in der geistigen Welt Freunde habe, und hier zu allererst meinen Schutzengel.
„Nein“, weil ich zutiefst davon überzeugt bin, daß es immer mehr Menschen gibt, die aufstehen, die sich nicht mehr einschüchtern nicht mehr verbiegen lassen, die sich ihre Freiheit nehmen, auch auf die Gefahr hin, daß man sie ausgrenzt, rufmordet und mit Repressalien bedroht.
„Nein“, weil ich zutiefst der Überzeugung bin, etwas Richtiges und Wichtiges zu tun.

Ich selber habe bei der Arbeit an diesem Buch die Erfahrung machen dürfen was ein mutiger Zuspruch bewirken kann. In Phasen des Zweifels, ob ich die das Buch herausbringen sollte oder nicht, tauchte ein Menschen auf, der von der Notwendigkeit der Arbeit so überzeugt waren, daß mir anbot, daß Buch unter ihren Namen zu veröffentlichen. Es war dann dieses Angebot, diese Bestärkung und das damit verbundene Vertrauen, was mir dann die Kraft gab weiterzumachen. Warum ich trotzdem ein Pseudonym gewählt habe ist einfach zu sagen. Nicht weil ich glaube politischen oder geistigen Kräften zu entkommen, das wäre naiv, aber ich habe keine Lust auf jahrelange Telefonate, rund um die Uhr, auf Beschimpfungen oder Zuspruch, denn das Schreiben allein eines solchen Buches prägt dich als Mensch schon genug. Für Anregungen

und Kritik und weitere Informationen aber bin ich aber sehr dankbar. In dem Fall bitte ich an den Verlag zu schreiben.
Das nur zur Frage, warum ich das Buch mache und warum ich ein Pseudonym verwendet habe.

Wir alle brauchen immer wieder einmal das Gefühl: wir sind nicht allein; wir brauchen immer wieder die Solidarität und die Unterstützung anderer Menschen. Dieses Buch soll auch als Aufruf betrachtet werden, soll den Leserinnen und Lesern Mut machen, anderen Menschen diese Solidarität und Unterstützung zukommen zu lassen.
Es gibt so viele Menschen, die sich nicht mehr verbiegen lassen wollen, und die dann ganz schnell recht starkem, subtilen Druck ausgesetzt sind. Solche Menschen brauchen Ihren Zuspruch. Je mehr Zivilcourage wir entwickeln, je mehr wir unser Recht nehmen „wir selbst zu sein", je weniger können wir regiert und manipuliert werden.
Offenbaren wir ihnen mit einem kraftvollen „ICH BIN'S", daß es uns gibt: Menschen, die den Mut haben, *sie selbst* zu sein, und deren Weigerung, länger regiert und manipuliert zu werden, ein Beispiel von Zivilcourage und Rückgrat in dieser „geduckten" Zeit gibt.

Dies als Antwort auf die Frage, warum ich dieses Buch geschrieben habe.

Einleitung

Dieses Buch handelt von der Macht, davon, *wie* sie benutzt wird und vor allem auch davon, *wer* sie benutzt.
Es wird sich – trotz der Überschrift zu diesem Kapitel – viel mit amerikanischen und englischen Organisationen beschäftigen, mit Logen und Bruderschaften und vor allem aber auch mit Geheimdiensten, denn diese sind es, die Einfluß nehmen auf die Geschicke der Welt.

Dennoch ist dieses Buch in erster Linie ein „deutsches Buch" - ein Buch über Mißstände und Machtmissbrauch bei uns. Gerade als deutsche Staatsbürger haben wir ja sozusagen „mit der Muttermilch eingesogen", daß unser Staat, unsere westliche Demokratie, die beste aller Staatsformen sei (trichtert dies nicht jedes System seinen Heranwachsenden in irgendeiner Weise ein?).
Aber wie sieht es nun mit unserer westlichen Demokratie in Wirklichkeit aus? Wer hat bei uns eigentlich das Sagen, wer regiert uns wirklich und vor allem, wer hat diese Leute dazu legitimiert? Und was steckt hinter dem viel gepriesenen Begriff „Volksvertreter"?
Sie kennen ja vielleicht folgenden Witz: „was verkauft der Staubsaugervertreter? (...) Was verkauft der Versicherungsvertreter? (...) Und was verkauft der Volksvertreter? (...!) Wenn wir also verkauft werden, dann muß man sich doch fragen: warum, an wen, und zu welchem Preis? *Wer regiert tatsächlich die Welt?*
Ist es das organisierte Verbrechen, die Mafia? Sind es die Geheimdienste? Sind es die Bruderschaften und Logen? Sind es die Großindustriellen, die Banker und Ölmagnaten? Ist es der Hochadel? Sind es einzelne Familien?

Die wirklich Herrschenden haben kein Interesse daran, daß wir uns diese Fragen stellen, sie mästen uns wie den Hänsel im Märchen. Sie geben uns einmal im Jahr die Möglichkeit, in den Urlaub zu fahren, geben uns 30 oder noch mehr Fernsehprogramme und ersticken uns ansonsten mit einer Unmenge von Konsummüll. Gut gesättigt und mit dem Geruch von „Freiheit und Abenteuer“ in der Nase (die Freiheit, zwischen *Dasch* und *Persil* zu wählen, haben sie uns ja gelassen), lehnen wir uns in unseren Fernsehsessel zurück, stellen uns diese Fragen nicht und suchen demzufolge auch keine Antworten.

Das ganze Land schläft. *„Das ganze Land? Nein, ein kleines unbeugsames Dorf hoch oben im Norden von Gallien leistet noch Widerstand ...“* So ähnlich beginnt jeder *Asterix*-Band. Und so ist es auch in der Realität: Kein System ist so perfekt, daß es nicht irgendwo in einem Winkel seines Herrschaftsgebiets ein „Asterix-Dorf“ gäbe, Menschen voller Stolz, Unabhängigkeitsdrang und „subversiver“ Lebensfreude.

Dieses Buch versucht, den „Asterix“ in Dir zu wecken, oder, wenn Du andere Lektüre bevorzugst: die „Möwe Jonathan“ in Dir, die „kleine Anna“, „Momo“ oder den „kleinen Prinzen“. Mein Ziel ist es, daß immer mehr Menschen diese Frage stellen: *Wer regiert uns wirklich*?

Bei meinem Versuch, dieser Frage nachzugehen, werde ich mich bemühen, überwiegend mit harten Fakts zu arbeiten, mich aller Spekulationen zu enthalten, keine bloßen Gerüchte aufzugreifen, sondern mich ausschließlich auf Zeugenaussagen, Belege und Veröffentlichungen zu stützen, so daß der Wahrheitsgehalt des hier Gesagten nachzuprüfen ist. Sicherlich verkaufen sich tolle Ge-

schichten, gewürzt mit geschickt eingestreuten Spekulationen und einigen liebgewordenen Vorurteilen leichter. Sie lesen sich flüssiger und werden leichter geglaubt.
Im Gegensatz dazu ist habe ich es mir aber zur strengen Auflage gemacht, nur solche Aussagen zu veröffentlichen, die jederzeit nachprüfbar sind. Entweder verfügen wir über klare und glaubwürdige Zeugenaussagen (oft von ehemaligen Mitarbeitern aus dem System), oder wir greifen auf Veröffentlichungen und Quellen zurück, die bisher nicht beanstandet wurden, bzw. wir zitieren aus behördlichen Unterlagen (wenn diese auch nicht immer für die Öffentlichkeit bestimmt waren). Wir verzichten also bewußt auf viel reißerisches Beiwerk und brisante Spekulationen – und doch ist aus diesem Buch eine äußerst faszinierende Lektüre geworden.
Es werden Situationen beschrieben und Tatsachen aufgezeigt, die bei den Leserinnen und Lesern ein deutliches Bild von bestimmten Sachverhalten hervorrufen können. Dabei kann ich als Autor die Dinge nicht immer beim Namen nennen. Dies ist nicht nur ein journalistisches Stilmittel, es hat auch einen juristischen Hintergrund.

Ich werde in diesem Buch den Beweis dafür antreten, daß wir geführt und manipuliert werden, nicht allein von unseren gewählten Politikern (was uns nicht verwundern würde), sondern vor allem auch von einigen Geldmagnaten Daß unser Land nicht anders geführt und behandelt werden, wie jene Firmen, die als Rechtsform die ominöse „GmbH“ gewählt haben: „Gesellschaft mit beschränkter Haftung“.
Konkret bedeutet dies: Wir produzieren, wir werden benutzt und dafür bezahlt, und wenn man uns nicht mehr braucht, werden wir

beiseite gelegt, abgeschrieben oder aber verkauft. Wir sind Bestandteil einer Bilanz – allerdings einer, die bisher nirgends veröffentlicht wurde. Die Firmenleitung haftet selbstverständlich nicht ganz so, wie wir es erwarten würde. Sie tut dies nur in sehr beschränktem Umfang. Das Hauptrisiko tragen die anderen: wir alle. Alles „fast wie im richtigen Leben". Man kann doch von einem Politiker heute nicht verlangen, daß er für einen Schaden haftet, bloß, weil er ihn verursacht hat!

Die GmbH als „juristische Person" haftet, die Menschen, die hinter der GmbH stehen, bleiben ohne Risiko und sind in der Regel unbekannt. Natürlich kann man herausbekommen, wer die „Geschäftsführer" sind. Die stehen im Handelsregister (wir kennen ja auch die Namen unserer Politiker), aber die Hintermänner, die sogenannten „Stillen Teilhaber", die lernen wir nie kennen. Bei all unseren Nachforschungen sind wir auf diese „Hintermänner" gestoßen; ihre Namen herauszubekommen, ihre Verflechtungen untereinander zu entwirren – das war alles andere als eine leichte Aufgabe.

Was uns aber dabei auffiel: Jene „Stillen Teilhaber" verhalten sich im Grunde alles andere als „still", sie entwickeln eine enorme Geschäftigkeit. (vielleicht jene Art von Tätigkeit, die Laotse als „Tun ohne zu tun" bezeichnete, auch wenn er dies mit Sicherheit nicht so meinte.) „Tun ohne zu Tun" – es sind immer andere, die im Rampenlicht agieren und die man im schlimmsten Fall auch einmal über die Klinge springen läßt. Es gibt Menschen, die regieren ganze Imperien, und man weiß nichts von ihnen.

Dieses Buch wird aufzeigen, daß es jene „Grauen Männer" gibt, daß die Hintermänner über Leichen gehen, daß sie Terrororganisationen unterwandern und solche Organisationen selbst gründen, daß sie es sind, die Kriege vorbereiten und an von ihnen profitieren.

Das Bild, das in diesem Buch gezeichnet wird, kann naturgemäß nur eine flüchtige Skizze der Wahrheit sein – Skizze, der es deshalb aber keineswegs an Eindringlichkeit und Genauigkeit der Beobachtung mangeln muß. Bob Frissell schreibt in seinem Buch *Zurück in die Zukunft* 1 *„Nichts in diesem Buch ist wahr – und doch ist alles genau so, wie es in Wirklichkeit ist*".

Das könnte auch ein gutes Vorwort zu meinem Buch sein. Wir haben nach der Wahrheit gesucht und haben überall Lügen angetroffen. Meistens ging diese Lüge mit der Wahrheit Hand in Hand, so daß es nicht immer möglich war, zu unterscheiden. Wenn die Lüge offen einherginge, ach, wäre das herrlich! Wir wüßten dann sofort, wem wir trauen können, und wem nicht. Die Lügen, die uns in den letzten Jahren begegneten, schienen uns oft „wirklicher als die Wirklichkeit". Ganze Abteilungen diverser Geheimgesellschaften beschäftigen sich hauptberuflich damit, „Fehlspuren" zu legen. Das Projekt „Blue Book" der amerikanischen Regierung, in dem sie alle Informationen über „UFOs" sammelten, war beispielsweise eine einzige, groß angelegte Fehlspur. Solche gezielt gestreuten Falschinformationen werden dann oft gutgläubig von „ehrlichen" Autoren aufgegriffen und mit anderen – wahrheitsgemäßen – Aussagen bis zur Ununterscheidbarkeit vermengt. Dadurch gewinnen sie natürlich erst recht an Glaubwürdigkeit.

Dieses System ist z. T. so perfektioniert worden, daß selbst diejenigen, die die Lügen ursprünglich in Umlauf gebracht haben, an dieselben glauben, wenn sie mit ihnen von anderer Seite und in

leicht verwandelter Form konfrontiert werden. So entstehen neue, künstliche Realitäten.
Ein kleines Beispiel: der CIA hat über lange Zeit hinweg Broschüren, Zeitschriften und Bücher gedruckt und diese nach China gebracht. Die ganze Aufmachung, das Papier, die Aussagen waren so gehalten, als gäbe es relevante Widerstandsgruppen gegen den chinesischen Kommunismus.
Ziel der Aktion war es, der Bevölkerung zu suggerieren, daß es da viele gäbe, die mit dem System nicht einverstanden sind. Die chinesische Regierung sollte mit einer Opposition im eigenen Land konfrontiert werden, die sie, da es sie in diesem Ausmaß gar nicht gab, auch nur sehr schwer bekämpfen konnte. Die Pointe dieser Geschichte besteht nun darin, daß es noch eine andere Abteilung des CIA gibt, die nichts anderes macht, als Informationen aus einer bestimmten Region zu sammeln, um daraus politische Empfehlungen und Situationseinschätzungen für die amerikanische Regierung abzuleiten. Neben allen möglichen Radiosendungen und Zeitschriften wurden eben auch genau diese, vom eigenen Verein gefälschten Unterlagen ausgewertet, und so kam der CIA zu der Überzeugung, daß es einen beträchtlichen Widerstand in China gäbe, den man unterstützen sollte.
Erst nachdem diverse Versuche der Kontaktaufnahme mit dem „Widerstand“ scheiterten, stellte sich heraus, daß man sozusagen sich selbst unterstützen wollte.

Carlos Castaneda läßt seine Titelfigur in „Die Lehren des Don Juan“ einen wirklich interessanten Satz sagen: *„Die Welt, wie wir sie sehen, ist genau so, wie wir sie sehen, und sie ist nur so, wie wir sie sehen, weil wir sie so sehen*“. Was heißt das? Realitäten sind veränderlich. Realitäten werden geschaffen. Der Betrachter ist kreativ in der Art und Weise, wie er betrachtet. Die Welt ist so, wie wir sie sehen, weil wir sie so sehen.

Das Bild, wie gesagt, das sie hier zu sehen bekommen, ist wirklich nur eine flüchtige Skizze der Wahrheit. Die Wirklichkeit, die uns hierzu als Modell gedient hat, ist schillernder und vor allem mehrdimensionaler, tiefschichtiger. Einzelne Details auf diesem Bild mögen Sie eher als Karikatur empfinden, aber selbst wenn der eine oder andere Strich vom „Künstler" bewußt überzeichnet worden sein mag: Dies dient dazu, um gewissen Inhalte deutlicher zu konturieren (die einem bei einer milderen Wortwahl vielleicht zu leicht entgehen könnten).
Insgesamt ist es ein sehr düsteres Bild, welches hier gezeichnet wird. Bedenken Sie aber, daß Sie immer nur die Spitze eines Eisberges betrachten.

Die Welt, so wie sie uns heute erscheint, wird von verschiedenen Gruppen dominiert – Gruppen, die wiederum untereinander vernetzt sind. Es ist nicht von der Hand zu weisen, daß es sich hierbei um eine Verschwörung bzw. um mehrere Verschwörungen handelt.
Wer hier wen für ein Vorhaben benutzt, geht aus unseren Informationen nicht immer ganz deutlich hervor. Ist es die CIA, die ein Bankhaus kontrolliert? Sind es die milliardenschweren Bankerfamilien (z. B. der Rockefeller-Clan oder die Familie Rothschild), die über ihre wirtschaftlichen und personellen Vormachtstellungen die Arbeit des Geheimdienstes majorisieren? Oder arbeiten beide Hand in Hand, wenn sie z. B. über die „Weltbank des Verbre-

chens", die BCCI, verschiedene Länder, Politiker und Gruppen unterstützen, z. B. Saddam Hussein, Angola, Jemen, Libyens Staatschef Ghadaffi, die Abdu Nidal Gruppe? Wir müssen uns fragen, wer Interesse an Krisen und Unruheherden hat, wer die Unruhe schürt und wer daran finanziell verdient oder sonstigen Nutzen daraus zieht.
Wer hat z. B. vom Golfkrieg profitiert? Saddam Hussein, der Mann, den die USA nach Angaben von Bill Clinton nie wirklich stürzen wollten, oder das irakische Volk, dessen Menschen an den Folgen des UN-Embargos zu Hunderttausenden starben?
Wer hat Interesse an der Uneinigkeit der arabischen Staaten? Wer hat Interesse daran, daß neue Waffen unter „realen Bedingungen" getestet werden? Wer verdient ganz real an dem Waffeneinsatz? Wessen Bilanzen weisen durch den Tod von Tausenden einen Aufwärtstrend auf?

Wußten Sie übrigens, daß zahlreiche europäische Staaten, u. a. auch Deutschland, Milliarden-Beträge an die US-Regierung zahlen mußten, um deren Einsatz im Golfkrieg zu finanzieren? Zahlungen, die dazu verwendet wurden, daß die US-Regierung bei US-Rüstungslieferanten Waffen einkaufen konnte? Zahlungen, die auf völlig überhöhten Berechnungen basierten, die aber auch nach der Aufdeckung des Skandals nie zurückgezahlt wurden.
Nun, wir müssen uns solche oder ähnliche Fragen stellen, um an die Spinne im Netz heranzukommen. Wer hat also Interesse an schwachen Regierungen – Staaten mit labiler Wirtschaft? Wer hat Interesse daran, daß es in den verschiedensten Staaten bewaffnete Widerstandsgruppen gibt? Für wen oder was bomben die sogenannte „RAF" in Deutschland, die Roten Brigaden in Italien, die

„Gruppe 17. Nov." in Griechenland. Welche Politik wird mit dem sogenannten „bewaffneten Widerstand" betrieben? Woher haben diese Gruppen ihre Waffen, wer besorgt die Logistik, welche Menschen sterben in den Gefängnissen, und welche begingen die Attentate?
Ist die Welt wirklich so, wie wir sie sehen (wie man uns beigebracht hat, sie zu sehen), oder ist die Realität dahinter nicht eine völlig andere? Wie entstehen Meinungen in der Bevölkerung, und wer „macht", wer steuert diese Meinungen?

Dieses Buch hat es sich zur Aufgabe gemacht, Wahrheiten und Teile von Wahrheiten aus dem Dunkel des Verschweigens hervorzuholen. Denn mit der Wahrheit fängt alles an; es ist die Wahrheit, die frei macht. Nach der Lektüre dieses Buches, werden sie, liebe Leserin/lieber Leser nicht mehr sagen können: „das habe ich nicht gewußt".
Beleuchte mit dem Licht der Wahrhaftigkeit das Schattenreich der Macht, und die Lüge wird zu Staub zerfallen – gleich einigen Mumien in ägyptischen Grabkammern, die nach Jahrtausenden zum ersten Mal von einem Lichtstrahl gestreift wurden.
Dieses Buch soll dazu beitragen, Zusammenhänge aufzuzeigen, deutlich zu machen, wie Macht funktioniert, und damit alle, die für diese Wahrheit bereit sind, aufzurütteln. Das Buch will ferner dabei helfen, daß aus dem einmal Erkannten auch konkrete Handlungen folgen, Handlungen, die eines freien Menschen würdig sind, Taten, die von Liebe, nicht von Machtgier diktiert sind.

Je mehr Wahrheit in uns allen zur Bewußtheit gelangt, desto mehr Wirklichkeit gibt es in der Welt.

Anders ausgedrückt: je mehr von der Realität Du wahrnimmst, desto weniger hat die Lüge eine Chance.
Das Spiel der Mächtigen war und ist immer das gleiche: Sie wollen uns in Atem halten, uns mit allen Mitteln des psychischen Drucks und der Zerstreuung davon abhalten, uns über jene Dinge Gedanken zu machen, die wir nach ihrer Auffassung nicht wissen *dürfen*. „Brot und Spiele", „Arbeitsbelastung", „Konsumzwang", Fernsehnsucht", „Freizeitstreß", „Existenzsorgen und Arbeitslosigkeit", „Drogen" (hier vor allem Alkohol und Medikamente) – all dies wird von ihnen bewußt erzeugt und gefördert, nur damit wir nicht *zu uns selbst* kommen können, damit wir nicht teilhaben können an jener Wirklichkeit, die sie uns um jeden Preis vorenthalten wollen.
Zu diesem Zweck werden in der Öffentlichkeit Scheingefechte ausgeführt. Ein und dasselbe System zeigt sich offiziell von einer „reaktionären" bzw. „konservativen" Seite und von einer „progressiven" oder gar „radikalen" Seite. Dadurch werden scheinbare Fronten aufgebaut, die uns zu einseitiger Parteinahme animieren und unseren Geist bis zur Ermüdung mit nutzlosen Spiegelfechtereien vereinnahmen. Wir alle spielen dieses Spiel als fügsame Statisten mit. Alle paar Jahre lassen wir uns wieder vor ihren Karren spannen und bekommen als Dankeschön dafür eine erbauliche Show mit Namen „Wahlkampf" geliefert. Die Kinder bekommen ein paar Luftballons geschenkt, die „Großen" Plastik-

kugelschreiber mit dem aufgedruckten Parteinamen. Anschließend legitimieren wir alle dieses System auch noch durch die Abgabe unserer Stimme, in dem Bewußtsein, unserer „demokratischen Verantwortung“ gerecht geworden zu sein.
Glauben sie denn wirklich, Wahlen wären bei uns zugelassen, wenn man auf diesem Weg wirklich grundlegend etwas ändern könnte? Wer ist denn wirklich noch so naiv, zu glauben, von einem Gerhard Schröder wäre eine grundsätzlich andere Politik zu erwarten als von Helmut Kohl. Ähnliches gilt für die sogenannten „Querdenker“ und parteiinternen Kanzlerkritiker wie Biedenkopf oder Geißler. Wie sollten sie denn eine andere Politik machen können oder wollen? Alle vier sind Teilnehmer an den Treffen der Bilderberger *2. Welche Bedeutung haben die in der Öffentlichkeit ausgetragenen Wortgefechte, wenn alle Teilnehmer dem gleichen „Verein“ angehören. Warum versuchen Sie uns gegenüber den Eindruck erbitterter Gegnerschaft zu erwecken, und wer sind eigentlich ihre wahren Feinde? An wen schließlich können wir uns halten, wenn wir nach einer echten Opposition, einer echten Alternative zum bestehenden System suchen? Denken Sie einmal gründlich darüber nach.

In diesem Sinne bitte ich alle Leserinnen und Leser, das Buch wachen Herzens und wachen Verstandes zu lesen, den Inhalt, so weit es möglich ist, selbst zu prüfen und ihn mit eigenen Beobachtungen zu vergleichen.
Nichts, aber auch gar nichts sollten Sie ungefragt „schlucken“. Im Gegenteil: Wir warnen vor einer Geisteshaltung des kritiklosen Konsumieren – auch hier, wo es um ein Buch *gegen* das kritiklose Konsumieren geht. Genau das ist es ja, wozu *sie* uns die ganze

Zeit erzogen haben. Treffen Sie ihre eigene Beobachtungen, lernen sie, die Nachrichten in den Medien *richtig* zu lesen und bedenken, Sie, daß die meisten Wahrheiten, die wir uns zu eigen machen, keine unumstößlichen Naturgesetze sind, sondern ständig der Veränderung unterworfen sind.

Der Kanarienvogel im Käfig erlebt eine andere Realität als der Adler hoch in den Lüften, und doch leben beide in der gleichen Welt. (An dieser Stelle sei der kleine Zaunkönig gegrüßt, ja, Du hast Recht, es ist nicht immer klar, ob das Singen von drinnen oder von draußen kommt). Sie entscheiden selbst darüber, ob Sie Kanarienvogel oder Adler sein wollen. Sie allein entscheiden, ob sie Jäger oder Gejagter, Vampirjäger oder Vampir sind – oder ob Sie sich jenseits der Kategorien von „Jagen und Gejagtwerden" stellen möchten.

„Was aber würde aus den Kanarienvögeln, wenn jeder nur Adler sein wollte?", höre ich manchen fragen. „Hat der arme Kanarienvogel nicht auch ein Recht, zu leben?" Ich sage ja gar nicht, daß der Adler besser ist als der Kanarienvogel, mir gefällt nur sein Käfig nicht.

Und die Zaunkönige, die Meisen, die Nachtigall und der Spatz - Gott sei dank, daß es sie alle gibt, aber auch sie bleiben in den Netzen der Vogelfänger hängen, ganz egal wie ihr Gefieder aussieht - die Netze müssen weg.

Und ihr werdet die Wahrheit erkennen,
und die Wahrheit
wird euch frei machen.

Johannes 8.32

(Inschrift an der Marmorwand in der Haupthalle des CIA Hauptquartier in Langley, Virginia, USA)

Etwas zur Macht

Leider handelt es sich hierbei nicht um einen schlechten Scherz. Jene „Geheimgesellschaft", die eine ihrer Hauptaufgaben im Verdrehen von Wahrheiten, in der Unterdrückung von freier Meinungsäußerung und gezielter Desinformation zu sehen scheint, wirbt allen Ernstes mit der Heiligen Schrift. Es ist dieser Zynismus, der uns erschrecken sollte, die Frechheit, mit der genau das Gegenteil dessen vorgetäuscht wird, was die tatsächliche Natur dieser Organisation ist (George Orwells „Wahrheitsministerium" läßt grüßen!)

Da werden Konflikte geschürt, Kriege vorbereitet, Menschen müssen sterben, Anschläge werden verübt, Regierungen destabilisiert: Es dürfte wohl kaum eine Sauerei geben, die von dieser Organisation nicht bereits begangen wurde. Aber Sie dürfen beruhigt sein: All dies geschieht ja nur zum Schutze unserer westlichen Demokratie – oder etwa nicht?

Dieser leise Zweifel, der hier in den Herzen all derer wach wird, die noch gänzlich von den Phrasen der offiziellen Propaganda narkotisiert sind, dieser Zweifel soll zur eigentlichen gedanklichen Keimzelle unseres Buches werden. Stück für Stück wollen wir die Masken der Gesetzestreue, der Freiheitsliebe und der Wohlanständigkeit lüften, um dahinter die häßliche, die menschenverachtende Fratze des Todes und der nackten Gier nach Macht zum Vorschein kommen zu lassen. Diejenigen Personen, die sich dieser Maske bedienen, haben einen Namen, und wir wollen sie endlich bei ihrem Namen nennen.

Aber selbst wenn es diese Hintermänner nicht gäbe, wenn die CIA wirklich eine Organisation zum Schutze friedlich schlafender Bürger wäre, die sich lediglich manchmal, wenn auch mit Bedauern, zur Ausübung ihrer Pflicht etwas „ruppiger" Mittel bedienen würde, selbst dann müßten diese Sauereien ans Tageslicht kommen, ihre Mordkomplotte aufgedeckt werden. Denn es ist unsere feste Überzeugung, *daß der Zweck eben nicht die Mittel heiligt.* Ein guter Zweck rechtfertigt keine schlechten Mittel.

Aber dies bedeutet für uns, die wir uns den besagten Organisationen entgegenstellen wollen, auch: Man kann „die Macht" nicht mit den Mitteln der Macht bekämpfen, denn Weg und Ziel müssen die gleiche Natur haben. Wenn dein Ziel eine freiere, liebevollere Zukunft ist, dann kannst Du dieses Ziel nicht „herbeibomben". Du kannst dich auf diesem Weg nicht der Lüge und der Intrigen bedienen, denn genau das ist es, was die „Macht" will: Sie will, daß du dich ihrer bedienst, um an Ende denen gleich zu werden, die du bekämpft – und damit deine „Seele", also den Urgrund und die ganze Rechtfertigung für dein „Dagegensein" zu verlieren. Und wenn Du es auch mit deinem ganzen, brennenden Herzen unternimmst, die Strukturen der Macht zu zerschlagen, und du bedienst dich zu diesem Zweck ihrer Mittel, so wirst du sie dadurch doch nur stärker machen. Du wärst nichts als Wasser auf ihre Mühlen.

Man soll diese Bemerkung aber nicht als Aufruf zur Verzagtheit und zur Untätigkeit mißverstehen. Wenn wir etwas anderes als dieses herrschende System wollen, so wird dies nicht ohne Kampf abgehen, und dieser Kampf wird, wie jeder andere, auch Opfer verlangen. Der Unterschied zu unserem Gegner besteht lediglich in der Wahl der Mittel. Es wird so sein, wie Gandhi es einmal formulierte: „Für diese Sache bin ich bereit, zu sterben, aber ich bin nicht bereit, dafür zu töten". In dieser Auseinandersetzung, in diesem „Krieg", der uns bevorsteht, wird keine Heerführer geben und keine Kriegsknechte, keine Befehlenden und keine Befehlsempfänger, nur freie Individuen, die nicht mehr bereit sind, sich verbiegen zu lassen, wegzuschauen und einfach nur alles hinzunehmen. Die vielmehr bereit sind, Verantwortung zu übernehmen und für die Zukunft, die es zu erreichen gilt, auch Opfer zu bringen.

Eine bessere Zukunft für die Menschheit kann es nur geben, wenn wir nicht mehr nur „funktionieren" wie eine gut geölte Maschine, wie ein gut programmierter Computer. Wenn wir nicht mehr bereit sind, nur noch zu re-ägieren" wie ein getretener Hund, wenn wir vielmehr bereit sind *zum Handeln.*
Jede Handlung, die aus dem üblichen Schema von Funktionieren und Reagieren heraustritt, ist *eine freie Tat,* und genau dies ist es, was die Pläne der Mächtigen am meisten erschüttert.

Für jede freie Tat, für jede wirkliche, liebevolle Handlung brauchst du Kraft und Mut und eine innere Bereitschaft zum Opfer. Denn die Antwort der Macht wird nicht auf sich warten lassen. Du wirst Druck zu spüren kriegen, sobald man dich als anders „geoutet" hat. Man wird dich gesellschaftlich isolieren, anzeigen, deinen Ruf ruinieren, dich in Heime und Gefängnisse abschieben; sie werden versuchen, dich durch Drohungen und Repressalien einzuschüchtern. Und je nachdem, wie unbeugsam und beharrlich du dich zeigst und in welchem Maße du bereit bist, dich wieder erniedrigen zu lassen, wirst Du eventuell ganz plötzlich krank werden, ei-

nen Unfall haben oder aber ganz einfach *verschwinden.* Man wird dich, ohne mit der Wimper zu zucken, „aus dem Spiel nehmen."
Es gibt Menschen und Gruppierungen, die ihre eigenen Regeln haben, die sich nicht an „fair play" halten und die mit Sicherheit auch keine „guten Verlierer" sind. Sei gewiß: Wenn du einigen Mächtigen wirklich unangenehm wirst, und wenn bei Dir nichts hilft, kein Anwerben und keine Einschüchterung, dann wirst du wirst einfach vom Spielfeld genommen.

„Was passiert aber, wenn es immer mehr von deiner Sorte geben wird, wenn dann das ganze Spiel für die Hintermänner brenzlig werden sollte", so fragst du dich vielleicht.
Nun, die kippen das ganze Spiel einfach um wie ein trotziges Kind. Die hinterlassen einfach verbrannte Erde. Apokalypse nennt man das dann wohl.
„Und warum sich dann überhaupt auflehnen? Warum nicht einfach mitmachen, was viel einfacher, leichter und bequemer wäre?"

Vielleicht hast du dir diese Frage ja noch gar nicht gestellt; sie war gar nicht in dir. Dann gehörst du vielleicht zu jenen Menschen, für die die Frage, ob es sich lohnt, für Liebe und Freiheit einzutreten, sich überhaupt nicht ernsthaft stellt, die einfach geboren sind, um frei zu sein: „Born to be free". Für die Möglichkeit zu lieben und Liebe zu leben (und das geht nur in Freiheit), muß man auch bereit sein, Opfer zu bringen. *Freiheit* und *Liebe* gehen immer Hand in Hand, und *Verantwortung* und *Opferbereitschaft* sind die anderen beiden Bestandteile dieses „Kleeblatts".

Zu allererst, gilt es, eine Wahl zu treffen, die Wahl, diesen und keinen anderen Weg zu gehen. Das ist das Entscheidende, und dann erst, aber wirklich *erst dann,* gilt es seine Aufmerksamkeit auf die Macht und ihre Strukturen zu richten.

Denn die Macht hat ihre eigene Faszination. Erst wenn du dir sicher bist, welchen Weg du gewählt hast, und wenn du diesen Weg jeden Tag aufs Neue wählst, dann bist du fähig, den Schatten der Macht mit dem Licht der Wahrheit aufzulösen. Wenn du ein solcher Mensch bist, dann kann dieses Buch für dich sehr wichtig werden, weil es Namen, Strukturen und Arbeitsweisen der mächtigsten Geheimgesellschaften aufzeigt.

Ein Buch über „die Juden“?

In diesem Buch werden Sie relativ viel über den CIA erfahren und über die Arbeit von Geheimdiensten. Auch das historische Phänomen der *Roten Armee Fraktion (RAF)* und jener Kräfte, die hinter ihr steht, bildet einen wichtigen Teil dieses Buches. Vielleicht bist du ja jetzt enttäuscht, denn du hattest vielleicht mit einem Buch über die *freimaurerische* oder die *illuminatische* Weltverschwörung gerechnet. Nun, vielleicht ist dies ja *auch* ein Buch darüber.

Und wie steht es mit der „*jüdischen* Weltverschwörung?“ Nun, dieses Buch wird über kurz oder lang auch zu dem werden, was *sie* daraus machen. Wenn sie wollen, können sie darin lesen, daß Mitglieder einer bestimmten Religionsgemeinschaft in bestimmten Bereichen der Wirtschaft und Politik überraschend mächtig vertreten sind. Ja, natürlich werden wir Namen nennen, und wir werden wohl nicht umhin kommen, daß dabei auch Namen einflußreicher jüdischer Familien genannt werden: Es gibt schon sehr, sehr mächtige jüdische Familien, aber deswegen von einer „jüdischen Weltverschwörung“ zu sprechen, erscheint uns nicht angebracht. Weder sind „die Juden“ der eigentliche Gegenstand unseres Buches, noch ist die Mehrheit der Menschen, die auf dieser Erde über Macht verfügen, von jüdischer Herkunft. Auch glauben wir nicht, das es in diesem Zusammenhang überhaupt eine Rolle spielt, welcher Religion man angehört.

Nehmen wir zum Vergleich eine anderes Beispiel: In diesem Buch sind die negativ beschriebenen Menschen in aller Regel Männer. Handelt es sich folglich um ein „antipatriarchalisches“ Werk? Natürlich nicht.

Es geht uns in diesem Buch nicht um Juden ebensowenig wie es um Männer geht. Wer etwas anderes erwartet hatte, den müssen wir enttäuschen. Es geht überhaupt nicht um irgendeine Religionsgemeinschaft (in diesem Fall würden gerade die christlichen Kirchen verdammt schlecht wegkommen). Sind fanatische Islamisten etwa positiver zu bewerten, und welcher Religion gehören wohl die asiatischen Finanzmogule an? Nein, den Blick auf die Religionszugehörigkeit zu richten, hieße den Blick verengen.
Uns erschien es überhaupt nur deshalb notwendig, auf diesem, durch die jüngste deutsche Geschichte besonders belasteten Thema „herumzureiten", weil in jüngster Zeit – im Zusammenhang mit Literatur über Geheimgesellschaften – eben dieses „Judenthema" von anderer Seite in den Vordergrund gespielt worden ist. Uns scheint hierin eine Sackgasse zu liegen, die am eigentlichen Kern der Sache, dem Wesen und den Strukturen von Macht, vorbeigeht. Ja, es erscheint uns offensichtlich, daß dieses, mit gutem Recht gewisse Empfindlichkeiten auslösende Thema von interessierten Kreisen bewußt hochgespielt wird, um die wachsende Bewegung gegen Machtmißbrauch durch Logen- und Finanzwesen mit dem Totschlagargument „Antisemitismus" im Keim zu erstikken.

Wußten Sie übrigens:

- über 95% der aktiv handelnden Menschen innerhalb der größten Mafiafamilien in Italien sind Männer und katholisch. Der Prozentsatz der Menschen mit schwarzer Hautfarbe ist fast gleich null. Es gibt so gut wie keine Juden und Frauen in ihrer Führungsebene.

- Über 95% der führenden Köpfe im CIA sind Männer, so gut wie keiner ist katholischen oder jüdischen Bekenntnisses, ebenso gibt es so gut wie keine Schwarzen*3.
- In der Loge P2 gab es ebenfalls fast nur Weiße, enorm viele Katholiken und beinahe ausschließlich Männer.
- Im deutschen Bundestag besteht die große Mehrheit aus Männern (die Frage der Hautfarbe stellt sich hier nicht so, wie in den USA. Soviel ich weiß, ist kaum ein Mitglied jüdischer Herkunft).

Was sagt uns die Auflistung? Im Grunde gar nichts, und genau darauf wollte ich hinaus. Mit solchen Zahlenspielchen kann man doch jede x-beliebige These untermauern. Man nehme 3-4 Bankiers, einen Whiskeyproduzenten, und fertig ist die „jüdische Weltverschwörung". Nach diesem Muster funktionieren fast alle Verleumdungskampagnen.

Lassen Sie mich noch ein persönliches Wort sagen: Mir ist es tatsächlich egal, ob mein Nachbar Jude, Protestant, weiß, schwarz, homosexuell, heterosexuell, ein Kapitalist oder eine „rote Socke" ist. Mich interessiert, ob wir uns als Menschen etwas zu sagen haben, ob er freundlich und hilfsbereit ist, wie er sich mir und seiner Umwelt gegenüber verhält. Der freundlichste Mann, der mir in meinem Arbeitsamt je begegnet ist, war Mitglied der „neuapostolischen Kirche".

Jüdischer Einfluß

Da es, dieser Vorbemerkung zum Trotz, nicht ganz zu vermeiden sein wird, jüdische Namen – neben anderen – auch im Zusammenhang mit nicht gerade ehrenwerten Machenschaften im Dunstkreis der Macht zu erwähnen, sei uns erlaubt, noch einmal etwas weiter auszuholen. Der jüdischen Kultur und ihrem Einfluß auf das kulturelle, wirtschaftliche und politische Leben vieler Nationen ist, wenn überhaupt, nur durch eine äußerst differenzierte Betrachtungsweise beizukommen (was übrigens auch für die Kultur jedes anderen Volkes gilt).

Die jüdischen Mitbürger in den Vereinigten Staaten und in anderen Ländern stellen immer nur eine Minderheit im Staat dar, dennoch haben viele ihrer Vertreter vielfältige Talente und sind oft weit über ihre zahlenmäßige Bedeutung hinaus in den verschiedensten Bereichen erfolgreich tätig und einflußreich.

Wie schon Ephraim Kishon sagte, handelt es sich um ein kleines, zähes Volk, das sich über die Jahrhunderte durch schnelle Anpassungsgabe auszeichnen mußte. Bis zum heutigen Tag haben viele Vertreter dieses Volkes diese Gabe so sehr perfektioniert, daß ihre Begabungen sie oft an die Spitze brachte – und zwar keineswegs nur im Finanzbereich.

Woody Allen schaffte es mit seiner unnachahmlichen Mischung aus ostjüdischem Lebensgefühl und seiner Gabe, eine gewisse Ausstrahlung von „Verlorenheit" in den amerikanischen Großstadtdschungel zu verpflanzen, uns die Augen für eine ganz neue Art von Humor zu öffnen. Aber damit steht er nicht allein: Auch Walther Matthau, Peter Sellers, Danny Kaye, Barbara Streisand, Goldie Hawn, Whoopi Goldberg und andere haben in ihren Filmen erfolgreich ein enormes komisches Potential zur Geltung gebracht. Natürlich konnten nicht nur die Komiker, sondern genauso auch Vertreter ernsthafter Disziplinen überragende Erfolge feiern. Denken wir dabei nur an Sarah Bernhardt und den großen Theatermann Max Reinhard, aber auch an so vertraute Namen wie Elisabeth Taylor, Dustin Hoffman oder Debra Winger. Die großen Filmkonzerne von Universal bis Metro-Goldwyn-Meyer sind in aller Regel Gründungen jüdischer Unternehmer.

Die Präsenz unter den Komponisten und großen Musikern ist geradezu überragend. Was wäre die Musikwelt ohne einen Leonard Bernstein oder George Gershwin, Aaron Copland, Felix Mendelssohn-Bartholdy, Jacques Offenbach, Gustav Mahler und Arnold Schönberg. Dirigenten wie Bruno Walter, Kurt Masur, Lorin Maazel, Sir George Solti, James Levine, Daniel Barenboim, Koussevitsky und viele andere mehr sind Aushängeschilder im Bereich der ausführenden Musik. Gerade auch das Musical scheint aber eine Domäne jüdischer Künstler zu sein. Unter den erfolgreichen Musicalkomponisten und ihren Textern nehmen sie geradezu eine Monopolstellung ein: Kern, Rodgers, Hammerstein, Hart, Lerner, Loewe, Hamlisch, Sondheim sind hier zu nennen. Die Aufzählung ihrer Werke dürfte einen noch größeren Aha-Effekt auslösen: z. B. *My Fair Lady*, *Gigi*, *Camelot*, *Brigadoon*, *Fiddler on the Roof/Anatevka*, *The Sound of Music*, *The King and I*, *Oklahoma* u. a.

Die Liste der überragenden Musiker könnte noch viel länger ausfallen, zumal auch in der Unterhaltungsmusik genügend Vertreter des jüdischen Volkes wirken, zum Beispiel Simon & Garfunkel, Leonhard Cohen, Bob Dylan, Bruce Springsteen, Bette Middler, Barbra Streisand, Joan Baez, um nur die bekanntesten zu nennen.

Die Anzahl der Künstler ließe sich beliebig fortsetzen, zumal auch in der Malerei und unter den Schriftstellern viele Juden die westliche Kultur bereichern und längst nicht mehr aus ihr wegzudenken sind. Im Bereich der internationalen Literatur schenkten uns u. a. Heinrich Heine, Arthur Schnitzler, Franz Kafka, Boris Pasternak und Stefan Zweig viele bedeutende Werke. Daß regelmäßig auch Nobelpreisträger jüdischer Herkunft sind, dürfte vor diesem Hintergrund kaum mehr überraschen.

Diese Aufzählung, die nur einen kleinen Ausschnitt möglicher jüdischer Namen enthält, macht eines deutlich: Von einer „Spezialisierung" oder einer „natürlichen Affinität" eines ganzen Volkes zu einem bestimmten Berufsfeld – etwa Wirtschaft, Börsen- und Finanzwesen – kann nicht die Rede sein. Wenn hier überhaupt ein „gemeinsamer Nenner" zu finden ist, so besteht er eher in den herausragenden Leistungen, die auf nahezu *allen* Gebieten von Menschen jüdischer Herkunft erbracht werden.

Nun müssen wir aber, der Ehrlichkeit halber, zu Bereichen übergehen, die etwas weniger angenehmer und schöngeistiger Natur sind. Die jüdische Bevölkerung hat es spätestens nach dem 2. Weltkrieg geschafft, sich in die amerikanische Bevölkerung zu integrieren und dort erfolgreich zu wirken. Seit 1960 sind sie in Amerika absolut gleichberechtigt und mittlerweile fester Bestandteil des Wirtschaftslebens, dies in ebenso herausragendem Umfang, wie es im Showbusiness der Fall ist.

Menschen jüdischen Glaubens gelang es, sich in nahezu allen Nationen, sowohl im künstlerischen Bereich als auch in Wissenschaft und Wirtschaft einen Namen zu machen und an der Entwicklung des abendländischen Geisteslebens mitzuwirken. Während der

grausamen Judenverfolgung des Dritten Reiches wurde versucht, alles Jüdische als Bestandteil der deutschen Kultur auszusondern. Viele Tausende jüdischer Mitbürger emigrierten in die Vereinigten Staaten und andere europäische Länder. In Israel leben derzeit 5 Millionen, eine noch größere jüdische Gemeinschaft lebt in den Vereinigten Staaten, insgesamt 6 Millionen Juden. Beide Staaten zusammen umfassen etwa 75% der jüdischen Weltbevölkerung.
In Deutschland leben nach den Ereignissen der jüngsten Vergangenheit nur noch 50 000 Juden, und auch das erst seit dem verstärkten Zuzug russischer Juden nach dem Zerfall der Sowjetunion. In Paris lebt die größte jüdische Gemeinde Europas, danach folgen England und die anderen europäischen Länder. Insgesamt leben 2,5 Millionen Juden in Europa und noch 2 Millionen in der Sowjetunion (dieses Zahlen stammen allerdings aus einer Zeit vor der erwähnten Ausreisewelle). Südamerika stellt mit ca. 500.000 jüdischen Mitbürgern noch ein weiteres beachtliches Quantum dar. Lieblingsland Nr. 1 scheint aber unangetastet Nordamerika zu sein, wo sich – in New York, Washington D.C., Miami, Los Angeles, San Francisco und Chicago sowie in Toronto und Montreal (Kanada) – auch die größten jüdischen Gemeinden außerhalb Israels befinden. New York wird oft als „heimliche Hauptstadt der Juden" bezeichnet. 15 % der jüdischen Weltbevölkerung leben dort, also mehr als 2 Millionen. Die Weltbevölkerung jüdischer Bürger liegt nach Schätzungen zwischen 12 und 15 Millionen.
Der Professor und Rabbiner Leo Trepp zeigt in seinem Buch „Die amerikanischen Juden" einen Querschnitt durch die jüdische Bevölkerung, die zum größten Teil zum oberen Mittelstand bis hin zur reichen Oberschicht gehört und dort auch Einfluß ausübt. In Amerika sind die Juden also nicht nur integriert, sondern gehören

zu jenen Schichten, die im Lande führend sind, also zur wirtschaftlichen und intellektuellen Elite zählen. In jüdischen Familien gilt ein Studium für die Kinder als Usus; insgesamt stellen sie mindestens ein Fünftel der Elitestudenten, was bei einem Bevölkerungsanteil von nur 2 % eine sehr beachtliche Anzahl ist. Von daher verwundert es nicht, daß sie in der amerikanischen Kultur einen nicht wegzudenkenden Faktor darstellen. Dafür stehen Namen wie die Literatur-Nobelpreisträger Saul Bellow und Isaac Bashevis Singer, ebenso wie Lillian Hellman, Norman Mailer, Arthur Miller und andere. Gloria Steinem und Betty Friedan waren maßgeblich an der Emanzipationbewegung der Frauen beteiligt.

Es fand also nicht nur eine Vermischung innerhalb der Gesellschaft statt, auch viele neue Ideen und Entwicklungsphasen gingen auf den Einfluß jüdischer Bürger zurück, und auch der uramerikanische Traum „vom Tellerwäscher zu Millionär" erfüllte sich für viele von ihnen. Der hierzulande wohl bekannteste dieser „Aufsteiger" ist Levi Strauss, der besonders strapazierfähige Arbeitshosen schuf und aus dem Nichts ein Textilimperium aufbauen konnte. Jeans sind heute genauso untrennbar mit Amerika verbunden wie Hamburger. Am erfolgreichsten waren jedoch zwei Verkäufer von Knabenhosen, Abraham Kuhn und Solomon Loeb aus Frankfurt. Sie gründeten das Bankhaus Kuhn & Loeb, das heute als „graue Eminenz" der Wall-Street bezeichnet wird.

Würden sämtliche Juden nach Israel auswandern, verlöre Amerika einen großen Teil seines Bruttosozialprodukts. Aber die amerikanischen Juden sorgen dafür, daß auch ihre Verwandten in Israel nicht zu kurz kommen. So stiftete beispielsweise die Familie Reichmann (das mächtigste Immobilienimperium der Welt, Olympia & York) bislang jedes Jahr 100 Millionen Dollar für die ultra-

orthodoxen Juden Amerikas. Es werden sich wohl immer wieder Menschen finden, die ebenfalls über ein immenses Vermögen verfügen, um Israel auch finanziell zu Unterstützen, so wie z.B. der amerikanische Milliardär Marc Rich, der größte Aluminiumhändler der Welt, der seit einigen Jahren in der Schweiz lebt und in den USA sofort verhaftet würde, weil er dort in großem Stil Steuern hinterzogen hatte.
Meyer Guggenheim war mehrfacher Bergbaumillionär und machte sich auch als Mäzen einen Namen; das Guggenheim-Museum und die Guggenheim-Stiftung zur Förderung der Wissenschaften entstanden durch seine Großzügigkeit. Zahlreiche orthodoxe jüdische Gemeinschaften werden überaus großzügig bedacht. Laut Rabbi Trepp beherrschen sie es, wie kaum jemand anderes auf dem „Klavier der Nostalgie zu spielen“ und den bekannten jüdischen Gemeinschaftssinn in bare Münze zu verwandeln. Auch die amerikanische Regierung läßt jedes Jahr Milliardenbeträge an Krediten nach Israel fließen, und noch kein Politiker hat sich je getraut, diesen Geldstrom einschneidend zu kürzen.
Allein, auf Wirtschaft, Banken und Kultur, beschränkt sich der Einfluß längst nicht. Wer so erfolgreich ist, kann auch politisch Macht ausüben. Es ist kein Geheimnis, daß noch niemand US-Präsident wurde, der dem Staate Israel kritisch gegenüberstand. Demgegenüber werden Wunschkandidaten beim Wahlkampf von reichen Juden finanziell unterstützt, so wie 1912, als Woodrow Wilson von Paul Warburg, Jakob Schiff, Bernhard Baruch und Samuel Untermeyer unterstützt wurde. Laut Rabbi Trepp würden antisemitische Äußerungen eines Kandidaten seine Karriere augenblicklich beenden. Zitat: „Als der ehemalige Gouverneur von Texas, John Conally, 1979 als Kandidat für das Präsidentenamt,

Israel für den Ölmangel verantwortlich machen wollte, brach seine Kandidatur sofort zusammen.“

Es ist verständlich, daß die Juden gegenüber allen Themen sensibilisiert sind, die einer öffentlichen Ausgrenzung oder Beschuldigung ihrer Minderheit gleichkommen. Wohl um Befürchtungen, sie könnten wieder einmal als Übeltäter dargestellt werden, zuvorzukommen, wurde die Anti Defamation League gegründet. Der Glaube und auch die öffentliche Meinung über ihre Religion ist den jüdischen Mitbürgern sehr wichtig, sie dulden keine Verballhornung ihrer Glaubensinhalte.

Das bekam auch das Modemagazin Vogue zu spüren, als es Modelle des exzentrischen Paul Gaultier ablichtete, die sich an der traditionellen jüdischen Tracht anlehnten. Die Models wurden dabei mit den Haarzöpfen der orthodoxen Juden geschmückt; zusätzlich hatten sie die den Männern vorbehaltene Kappe auf dem Kopf. Diese Bilder, die im New Yorker Stadtteil Brooklyn, in dem eine große chassidische Gemeinschaft lebt, abgelichtet wurden, riefen Protest hervor. Beim Verlag Condé Nast wurde Veto eingelegt: „Ihre Ablichtung von Models im Stil der Chassidim in deren Gemeinde ist offen rassistisch, und es zeugt von äußerster Geschmacklosigkeit, den Antisemitismus unter dem Mäntelchen der Mode zu fördern.“ Jüdische Modemacher wie Calvin Klein, Isaac Mizrahi und Donna Karan würden sicher nicht zu solchen Stilmitteln greifen.

Interessanterweise war der Vorwurf, auch in diesem Fall der des Antisemitismus. Dabei legen gerade chassidische Gemeinden Wert auf Unterscheidung. Sie unterscheiden sich nicht nur durch ihre Haarpracht, die Locken und ihren oftmals bewundernswerte Be-

harrlichkeit im Glauben, sondern vor allem auch durch ihre Abstammung von den Juden aus dem „gelobten Land“.
Das Reizwort „Antisemitismus“ beruht ohnehin bei genauerer historischer Betrachtung auf einem Mißverständnis. Alle Einwohner Nordafrikas sind Semiten. Dies gilt natürlich auch für die Araber und damit natürlich auch die Palästinenser, unabhängig von ihrer religiösen Zugehörigkeit. Es gibt demnach jüdische, moslemische und sogar christliche Semiten (meist unter den Palästinenser). Chassarische Juden dagegen haben mit Semitismus, demnach auch mit Antisemitismus, nichts zu tun. Sie stammen aus dem asiatischen Raum und siedelten sich im 7. Jahrhundert im Schwarzmeerraum an. Hier nahmen sie den jüdischen Glauben an. Nach Auffassung maßgeblicher orthodoxer Kreise handelt es sich also gar nicht um legitime Vertreter des Judentums, da man Jude nur durch Vererbung über die mütterliche Linie werden kann, nicht aber durch Annahme. Es waren die khasarischen Juden, die in der Folge aus dem Schwarzmeerraum vertrieben wurden und sich im westlichen Europa ausbreiteten. In den Gastländern wurden sie häufig ausgegrenzt, eine wirkliche Integration wurde vermieden. Da sie nun aus weiten Bereichen des täglichen Lebens und aus zahlreichen Berufsgruppen ausgeschlossen wurden, blieben ihnen oft nur die Möglichkeit, sich durch Geldverleih den Broterwerb zu sichern. Die chasarischen Juden wurden immer wieder verfolgt und unterdrückt, gleichzeitig wurden sie – durch ihre Spezialisierung auf Geldgeschäfte – immer mächtiger. Dies war der Stand der geschichtlichen Entwicklung, als der unsäglichste Abschnitt unserer deutschen Geschichte begann. Die Ressentiments in weiten Teilen der Bevölkerung und die Angst vor der Macht der Banken bildeten einen hervorragenden Nährboden für die Politik Hitlerdeutschlands. Das Deutsche Reich war geprägt von Fremden-

feindlichkeit, Arbeitslosigkeit, fehlendem Selbstwertgefühl des deutschen Volkes und einer Politik, die es geschickt verstand, für die real existierenden Probleme eine Minderheit verantwortlich zu machen. Es war also nicht „Antisemitismus“ im engeren Sinn, sondern generelle Fremden- und Ausländerfeindlichkeit, die den Nährboden für den Rassismus in der Zeit der Nazidiktatur bildete. Hinzu kamen der verlorene 1. Weltkrieg, der deutsche Chauvinismus, die Bedingungen, unter denen das deutsche Volk zu leben hatte (Versailler Verträge) und die Ideologie einer Herrenrasse. Diese Ideologie besagte, daß man stolz sein durfte, Deutscher zu sein, also stolz auf etwas, wofür man nichts tun mußte, außer sich „die Mühe zu machen“, geboren zu werden. All dies lieferte ideale Bedingungen für eine Pogromstimmung im Volk. Das Bild des mächtigen jüdischen Bankers, der weltweit seine Fäden zieht, war ein in ganz Europa gängiges Klischee, ideal geeignet, um daraus die Katastrophenvision einer jüdischen Weltverschwörung zu konstruieren.

Es ist schon interessant, zu beobachten, in welchem Ausmaß das deutsche Volk sich entsolidarisieren ließ, daß es sich kollektiv gegen Teile der eigenen Bevölkerung gewandt hat, daß Nachbarn nicht mehr miteinander gesprochen haben, Kinder nicht mehr miteinander gespielt haben, Bekannte nicht mehr in ihren bisherigen Geschäften eingekauft haben ... Beinahe noch interessanter ist aber folgendes, bislang in der Öffentlich wenig bekanntes Detail: Während in der Bevölkerung die Volksseele immer mehr brodelte und sich einer grausigen Entladung näherte, machten deutsche Banken und deutsche Firmen gute Geschäfte mit amerikanischen Konzernen. Bis 1943 kann man finanzielle Unterstützung großer amerikanische Firmen für Hitlerdeutschland nachweisen – auch von Firmen, die einflußreichen jüdischen Familien gehörten.

Natürlich eine Verschwörung!

Es gibt seit Jahrhunderten Logen und Verbindungen im politischen und wirtschaftlichen Umfeld. Hinzu kommen Geheimdienste, Mafia und Firmenkonsortien sowie andere Organisationen (z. B. Scientology), die alle nur an einem interessiert sind: an Macht, weltweiter Macht. Die wenigsten Personen und Gruppierungen treten mit ihren Bestrebungen offen auf, sie gehen ihren Zielen im Geheimen nach und sind damit per Definition Bestandteil einer „Verschwörung". Im Brockhaus wird dieser schillernde Begriff wie folgt definiert: *„eine Verschwörung ist eine geheime Verbindung mehrerer Personen*". Demzufolge handelt es sich natürlich bei jeder Rebellenbewegung, jedem Geheimdienst, der Mafia und auch diversen Firmenkartellen um eine Verschwörung.
Es gab und gibt immer wieder Bestrebungen nach weltweiter Macht, z. B. bei den verschiedenen Mafiaorganisationen, bei der UNO, bei verschiedenen Großbanken, Medienkonzernen und Industrieverflechtungen (daher der von ihnen so vehement geforderte „Wirtschaft-liberalismus") und – schon seit jeher – in der katholischen Kirche. Es gab und gibt die kommunistische Internationale, die islamistische, die panarabische und ebenso die panslawische Idee, das nationalsozialistische Streben nach Weltherrschaft und vergleichbare Anstrengungen in Japan und China. Was alle diese Bewegungen gemeinsam haben, ist die Vorstellung, ihr Weltbild auf die gesamte Welt zu übertragen und dadurch unbegrenzte Macht zu erlangen.
Nun, scheinbar ist das alles ja nicht weiter schlimm, denn wenn so *viele* ihr Weltbild für das bessere halten, dafür werben und darum ringen, dann erscheint es doch sehr unwahrscheinlich, daß eine

Gruppierung alleine irgendwann siegen und die Macht in ihre Hände bekommen könnte. Dies wäre auch der Fall, wenn hinter allen Bemühungen um Macht immer ein komplexes Weltbild, ein Ideal stehen würde – dem ist aber nicht so.
Es gibt Menschen, die ihr System nicht etwa deshalb weltweit praktiziert wollen, weil sie glauben es sei zum Wohle aller Menschen das beste (wie wir es z. B. als ursprüngliche Absicht bei den Kirchen und im Kommunismus finden). Nein, den Menschen, von denen wir sprechen, ist das System, die weltanschauliche Idee an sich egal; ihnen kommt es einzig und allein darauf an, daß *sie es sind*, die an den Schaltstellen und Hebeln der Macht sitzen.
Solche Menschen und Gruppen unterwandern – nicht zufällig, sondern ihrem innersten Wesen entsprechend – andere Gruppen, Organisationen und Institutionen. Sie bilden eine Verschwörung innerhalb der Verschwörung. Hier sind insbesondere solche Gruppen gerne Ziel der Unterwanderung, die ein für viele Menschen attraktives Ideal vertreten. Wer hier auf welche Weise mit wem vernetzt ist, und wer nun eigentlich wen dominiert, ist hierbei nicht immer ganz leicht festzustellen. Die Tatsache, *daß* es solche Kartelle, solche Vernetzungen gibt, kann im Rahmen dieses Buches aufgedeckt werden, wie aber die genauen Zahlen- und Machtverhältnisse in den einzelnen Organisationen aussehen, können selbst wir nicht immer mit Gewißheit sagen.

Einer jener Personen, die normalerweise keine Rolle im öffentlichen Bewußtsein spielen, die aber über weit mehr Einfluß verfügen als mancher von den Medien in den Vordergrund geschobene Vorzeige-Politiker, ist John McCone. Er stand im Laufe seines Lebens an drei wichtigen Schaltstellen der Macht: So war er Leiter der Atomenergiebehörde in den Vereinigten Staaten und hatte damit ausgesprochen großen politischen Einfluß. Er war, zweitens, einer der ganz großen amerikanischen Rüstungslieferanten und Waffenhändler, was ihm nicht nur politische sondern auch wirtschaftliche Macht verlieh, und er wurde, drittens, im Herbst 1961 zum obersten Direktor des amerikanischen Geheimdienstes CIA ernannt.

War er nun ein Kapitalist, der auch politisch arbeitete? Oder war er, was eher anzunehmen ist, bereits während seines Studiums vom CIA verpflichtet worden – so wie es bei Tausenden von Studenten und bei einigen hundert Professoren in den USA praktiziert wird? In diesem Fall können Sie davon ausgehen, daß seine Rüstungsgeschäfte und seine politische Arbeit als Leiter der Atomenergiekommission von Anfang an vom CIA gesteuert wurde.

Wer wird hier von wem unterwandert – der Geheimdienst von der Wirtschaft oder umgekehrt? –, und kann man davon ausgehen, daß John McCone einer jener Personen ist, die wir als „Hintermänner“ bezeichnen? Sicher nicht.

Informationen und Informanten

An dieser Stelle sei kurz auf die Quellen dieses Buches eingegangen. Im Anhang habe ich einen möglichst ausführlichen Index dazu veröffentlicht. Hinzu kamen einige sehr mutige Journalisten in den Vereinigten Staaten, Großbritannien und Deutschland sowie Menschen, die Einblick in „das System" haben, Menschen aus den verschiedenen Geheimdiensten, die inzwischen überwiegend ausgeschieden sind. Allen voran sind hier zu nennen: Milton William Cooper, Victor Marchetti und John D. Marks. Dann gab es natürlich noch einige andere Menschen, ohne deren Arbeit und Informationen dieses Buch nicht hätte geschrieben werden können, u. a. Nichols, Moon und Colemann. Alles Menschen, die „dem System" verbunden waren. Ihre Namen kann man getrost nennen, da sie bereits den mutigen Schritt in die Öffentlichkeit getan haben.
Dazu kommen Leute, von denen ich weiß, daß sie sehr viel wissen, daß sie „zufälligerweise" immer gerade dort, wo etwas los ist, einen Cousin haben, den man „ja mal fragen kann". Klarer ausgedrückt: Leute, von denen ich annehmen muß, daß sie noch immer innerhalb einer der betreffenden Organisationen stehen.
Dann haben noch sehr viele Menschen bewußt oder unbewußt mitgewirkt, ohne die dieses Buch kaum zustande gekommen wäre (hier seien an erster Stelle Jan und Uli genannt).

Ihr kennt ja vielleicht das Gedicht vom Michael Ende:
(dankend entnommen aus: Der Schattennähmaschine)

Der wirkliche Apfel

Ein Mann der Feder, berühmt und bekannt
als strenger Realist,
beschloß, einen einfachen Gegenstand
zu beschreiben, so wie er ist:
Einen Apfel zum Beispiel, zwei Groschen wert,
mit allem was dazugehört.

Er beschrieb die Form, die Farbe, den Duft,
den Geschmack, das Gehäuse, den Stiel,
den Zweig, den Baum, die Landschaft, die Luft,
das Gesetz, nach dem er vom Baume fiel ...

Doch das war nicht der wirkliche Apfel, nicht wahr?
Denn zu diesem gehörte das Wetter, das Jahr,
die Sonne, der Mond und die Sterne ...

Ein paar tausend Seiten beschrieb er zwar,
doch das Ende lag weit in der Ferne
denn schließlich gehörte er selber dazu,
der all dies beschrieb, und der Markt und das Geld
und Adam und Eva und ich und du
und Gott und die ganze Welt ...

Und endlich erkannte der Federmann
daß man nie einen Apfel beschreiben kann.
Von da an ließ er es bleiben,
die Wirklichkeit zu beschreiben.
Er begnügte sich indessen
damit, den Apfel zu essen.

Tja, und genauso ist es mit den Verschwörungen, irgendwie hängen sie alle zusammen und sind alle miteinander verbunden, und jeder zieht an Strippen und ist bereits selbst wieder irgendwo angebunden und merkt es nicht immer.
Und doch gibt es einige, an deren Strippen mehr hängt, als man gemeinhin annimmt. Ihre Macht ist größer, wesentlich größer, als wir uns das vorstellen können.

Durchleuchten wir einmal exemplarisch den amerikanischen Geheimdienst C I A.
Zu unseren amerikanischen Quelle ist noch folgendes zu sagen: Die amerikanischen Geheimdienste suchen sich in der Regel „überzeugte amerikanische Patrioten" als Mitarbeiter aus. Wer das zu Beginn der Zusammenarbeit nicht war, wird meistens während seiner Mitarbeit zum „begeisterten Patrioten" gemacht. Die Folge davon ist, daß die meisten Ex-CIA-Mitglieder politisch stramm rechts stehen. Alle "Ehemaligen", die wir kennenlernten, sind z. B. überzeugte Antikommunisten.
Wenn sich solche Mitarbeiter dennoch vom Geheimdienst trennen, dann häufig deshalb, weil sie sich von ihren Vorgesetzten getäuscht fühlen, weil die Hintermänner längst ihre eigene Politik machen, die Politik einer „geheimen Regierung". Diese wiederum fühlt sich nicht an die amerikanische Verfassung gebunden. Wenn diese Aussteiger erkannt haben, daß ihre „Firma" gegen die amerikanischen Freiheitsrechte verstößt, sehen sie sofort den „internationalen Kommunismus" am Werk.
Für uns heißt das, daß wir hier sehr deutlich zwischen den gegebenen Informationen und den Interpretationen der ausgeschiedenen Geheimdienstler unterscheiden müssen. Die, die andere mora-

lische Beweggründe haben, sprechen trotz aller Kritik oft mit einer gewissen Hochachtung von ihren ehemaligen Dienststellen.
Dies alles sollte man wissen, um die Beiträge und Zitate richtig einordnen zu können.

Aber diese Geheimhaltung ... ist in diesem Land ein Gott geworden, und die Leute, die Geheimnisse haben, reisen in einer Art Bruderschaft ... und sie werden zu keinem anderen sprechen.

Senator William J. Fullbright
Vorsitzender des Senatsausschusses für auswärtige Beziehungen

November 1971

Der Geheimkult CIA

In den Vereinigten Staaten existiert heute ein mächtiger und gefährlicher Geheimkult: der Kult des Nachrichtenwesens.
Seine „Heiligen" sind die geheimen Hintermänner der Central Intelligence Agency, seine „Hohenpriester" die Führer (Professionals) des CIA. Seine „Schutzpatrone" finden wir in den Spitzenbeamten der Bundesregierung.
Seine Mitglieder beschränken ihre Macht nicht auf die Regierungsebene, sie reicht viel weiter, bis in die Machtzentren von Industrie, Handel, Finanzen und natürlich in die verschiedenen anderen Organisationen wie Parteien und Gewerkschaften.
Dieser Geheimkult hat viele Freunde. Du findest sie an den Nahtstellen des sozialen Gefüges, du findest sie in Hollywood, in den Medien im allgemeinen und im Nachrichtenwesen im besonderen. Du triffst sie in der akademischen Elite ebenso wie in den sozialkaritativen Bereichen an. Du begegnest ihnen natürlich auch in der Armee und – wenn Du sehr aufmerksam bist – wahrscheinlich auch in Deiner Nachbarschaft.
Die politische Aristokratie Amerikas hat sich in der Geheimbruderschaft der Nachrichtendienste zusammengetan. Was aber ist denn das offizielle Ziel dieses Kultes, dieses Geheimbundes, der weite Bereiche der amerikanischen Gesellschaft (und beileibe nicht nur der amerikanischen) unterwandert hat?
Ziel und Zweck des CIA ist es, die Außenpolitik der Regierung der Vereinigten Staaten zu unterstützen, und dies mit genehmigten, zum Teil aber auch mit illegalen Methoden. Gleichzeitig soll die Ausbreitung des Kommunismus eingedämmt werden. Alle Emanzipationsbestrebungen „befreundeter" ausländischer Regie-

rungen gegenüber der Vereinigten Staaten gilt es zu verhindern. Das übergeordnete Ziel, das selbstgestrickte Ideal dieses Kultes ist es, eine Weltordnung zu installieren, in der Amerika als die unbestrittene internationale Führungsmacht regieren soll – ein Ziel, dem man bedenkenlos die Rechtsansprüche anderer Staaten, Moralität, Menschenrechte und nicht zuletzt auch die amerikanische Verfassung zu opfern bereit ist.

Wie aber sieht die Praxis einer Vorgehensweise aus, bei der Zweck und Mittel so eklatant auseinanderklaffen? Kann man mit Hilfe von Mordkomplotten eine gerechtere Gesellschaft erreichen? Wäre das Vorgehen der Geheimgesellschaften nichts selbst dann moralisch zum Scheitern verurteilt, wenn sie ein noch so „hehres" Ziel verfolgten.

Wie aber, wenn das angestrebte Ziel, für das so viel von der moralischen Substanz und Glaubwürdigkeit eines Landes geopfert wird, gar nicht so „edel", so erstrebenswert ist? Vielleicht ist ja der Anspruch eines Landes, das die weltweite Vorherrschaft für sich beansprucht, an und für sich schon sehr zweifelhaft, selbst dann, wenn es sich um ein sogenanntes „freies" und „demokratisches" Land handelt? Was wäre, wenn jene Geheimgesellschaft von ihrer innersten Motivation her nie ein humanistisches Ideal angestrebt hätte? Wenn es ihr immer schon nur darum gegangen wäre, eine einzelne Regierung als faktische „Weltregierung" zu installieren, die ihrerseits von dieser Gesellschaft abhängig, unterwandert und kontrolliert ist? Wenn es besagten Hintermännern nur darum ginge, für sich selbst *weltweite Macht* zu erlangen?

Es gibt größere Geheimdienste in der USA, und es gibt Geheimdienste, die im Wesentlichen im Verborgenen arbeiten. Der CIA jedoch ist das Zentrum jenes „Kults des Nachrichtenwesens“ in den Vereinigten Staaten.
Er betätigt sich in Spionage und Gegenspionage, in Propaganda und Desinformation (der bewußten und absichtlichen Verbreitung von Lügen), er praktiziert psychologische Kriegführung und führt paramilitärische Operationen durch, bis hin zum aktiven Einsatz in offenen kriegerischen Auseinandersetzungen. Er infiltriert private Einrichtungen und Institutionen, manipuliert sie gezielt und benutzt sie für seine Zwecke. Der CIA ist gleichzeitig als Unternehmer tätig, das heißt, er steht einem riesigen Konsortium von Firmen vor, die teilweise auf sehr undurchsichtige Weise miteinander verflochten sind. Zum Teil wissen diese Firmen nicht untereinander über ihre indirekte Verbindung Bescheid. Solche Firmen werden innerhalb des CIA nur „Besitz“ genannt.

Der geheime Aktionsarm der amerikanischen Außenpolitik liegt in den Händen der CIA: Es sind seine verborgenen Interventionen in die inneren Angelegenheiten von Ländern, die die Regierung der USA kontrollieren oder beeinflussen will. Gesteuert werden diese Aktionen von einer Gruppe von „Grauen Männern“, die im Hintergrund bleiben wollen. Jene Staaten sollen dadurch in eine Abhängigkeit von den USA geführt werden. Mit dieser Politik schafft der Geheimdienst Fakten, auf die die Regierung der Vereinigten Staaten nur noch reagieren kann. Der CIA zwingt somit nicht nur fremden Staaten seine Politik auf, sondern auch zunehmend der US-Regierung selbst.

Seine subversive Arbeit versteckt der Geheimdienst hinter geheimen und veralteten Legalismen und verhindert dadurch, daß die Öffentlichkeit und der Kongreß über ihre wirkliche Arbeit unterrichtet werden. Sein Hauptargumentation für die Geheimhaltung war und ist „die nationale Sicherheit". Es ist ein Unding in einem demokratischen Rechtsstaat, daß eine Institution innerhalb seines Gefüges ohne effektive Kontrolle ein solches Ausmaß an Machtbefugnissen und Freiräumen erhält – darunter auch die Möglichkeit, weltweit Krisenherde zu schüren, die Möglichkeit, weltweit nationales Rechte Gesetze zu mißachten, die Möglichkeit, Personen, Institutionen und ganze Regierungen zu manipulieren. Wer solche Freiräume zugestanden bekommt und dabei im Interesse einer angeblichen „nationalen Sicherheit" auf Geheimhaltung pochen darf, der ist in höchstem Maße gefährdet, von einigen wenigen „übernommen" und „geführt" zu werden.
Ein Staat, der eine solche Institution schafft und sich seiner freiwilligen Kontrollmöglichkeiten scheinbar freiwillig begibt, ist entweder in unglaublichem Maße naiv, überfordert – oder aber von einigen „Hintermännern" so abhängig, daß er einem Machtinstrument wie dem CIA nichts mehr entgegensetzen kann oder will. Solch ein Machtapparat lädt nicht nur zum Machtmißbrauch ein, er scheint geradezu dafür geschaffen zu sein.

Victor Marchetti, der ca. 20 Jahre lang offiziell im Dienste des CIA stand und seine ersten Kontakte zum „Nachrichtengeschäft" in Oberammergau in einer Spezialschule knüpfte, findet dazu deutliche Worte:
„Die Geheimmentalität ist eine Geisteshaltung, die nur durch Geheimhaltung und Täuschung gedeiht. Sie schreit förmlich nach

professioneller Unmoralität - gerechtfertigt durch den Glauben, daß sogenannte rechtschaffene Ziele durch die Anwendung von prinzipienlosen und normalerweise nicht hinnehmbaren Mitteln erreicht werden könnte. So müssen die Führer des Kults ihre offiziellen Aktionen hartnäckig vor den Blicken der Öffentlichkeit hüten; etwas anderes würde ihre Fähigkeit, „unabhängig“ zu handeln, beschränken; sie würden es dem amerikanischen Volk ermöglichen, nicht nur die Nützlichkeit ihrer Politik, sondern auch deren Ethik zu beurteilen.
Unter Mitarbeit eines zustimmungsbereiten, schlecht informierten Kongresses und mit der Ermutigung und der Hilfe einer Reihe von Präsidenten, hat der Kult eine Mauer von Gesetzen und Durchführungsverordnungen um die CIA und sich selbst aufgebaut; eine Mauer, die wirksam die Überprüfung durch die Öffentlichkeit abgeblockt hat.
Wenn es nötig ist, haben die Mitglieder des Nachrichtenkults einschließlich unserer Präsidenten (die sich der großen Unternehmungen der CIA immer bewußt sind, sie im allgemeinen billigen und sie oft sogar tatsächlich initiieren), gelogen, um die CIA zu schützen und ihre eigene Verantwortung für ihre Tätigkeiten zu verbergen.“

Darf man denn wirklich behaupten, ein amerikanischer Präsident belüge sein eigenes Volk, belüge die Öffentlichkeit? Nun, wer das in Frage stellt, ist schon etwas naiv.
Ob Bush, Eisenhower, Johnson, Kennedy, Nixon, egal welcher Präsident, egal von welcher Partei – sie alle haben die Öffentlichkeit auf das übelste belogen.

Das amerikanische Volk wurde belogen, als es um die Beteiligung der CIA an dem guatemaltekischen Staatsstreich ging, genauso wie anläßlich der erfolglosen Unterstützung der Rebellion in Indochina durch den Geheimdienst, im Kambodscha Krieg, im Vietnam Krieg, bei der Invasion auf Kuba, beim Krieg in Laos, bei dem gewaltsamen Sturz des ersten demokratisch gewählten Sozialisten zu einem Präsidenten (Allende in Chile) – überall hatte der amerikanische Geheimdienst seine schmutzigen Finger im Spiel. Und immer wieder stellte sich der jeweilige Präsident schützend und lügend vor „seinen" Geheimdienst. Für große Bereiche des politischen Establishments gehört Heuchelei und Täuschung zum Standardrepertoire, wenn es darum geht, eine demokratische Öffentlichkeit in Sachen Nachrichtendienste auszuschließen. Einige dieser Menschen vertreten dies ganz offen: sie, als die „einzig wahren Patrioten", haben das Recht, ihr eigenes Volk zu belügen. Ja, und dann gibt es noch einen großen Teil der schlafenden Öffentlichkeit, die nichts dagegen hat, sich belügen zu lassen. Das Bewußtsein, sie und ihre Verfassung seien etwas ganz Besonderes (das geht soweit, daß sich manche dieser Patrioten" als neues „auserwähltes Volk" verstehen), berechtigen sie in ihren Augen dazu, die „Weltpolizei" zu spielen, über die Menschenrechte zu wachen, diese aber, wenn die „Staatsraison" es verlangt, selbst zu mißachten. Für diese besondere Spezies von „Verfassungsschützern" hat die Verfassung an sich nur eine sehr relative Bedeutung. selber nicht. Hier ist das Prinzip „*Der Zweck heiligt die Mittel*" exemplarisch verwirklicht.

„Seit einiger Zeit bin ich über die Art beunruhigt, wie sich die CIA von ihrem ursprünglichen Auftrag entfernt hat.
Sie ist ein operationeller und manchmal ein Politik machender Arm der Regierung geworden.

Präsident Harry S. Truman

Dezember 1963

Vertrauen ist gut – Kontrolle gibt es keine

Der CIA ist ein Nachrichtendienst und sollte Nachrichten sammeln und daraus Empfehlungen und Stellungnahmen für den Präsidenten erarbeiten.

Das war das Ziel und die Aufgabe, die Präsident Truman 1947 veranlaßte, den CIA zu gründen.

In dem „National Security Act"*4 stand aber auch der nachfolgende Satz, der dem CIA: „... *gestattete, derartige andere Funktionen und Pflichten durchzuführen, die mit dem Nachrichtenwesen verwandt sind ... wie sie der Nationale Sicherheitsrat von Zeit zu Zeit anordnen kann*".

Dieser vage Satz ist es, der der CIA das Recht eingeräumt hat, geheime Unternehmungen zu starten und sich in die inneren Angelegenheiten fremder Völker und Nationen einzumischen. Dieser Satz rechtfertigt aber nicht nur das Vorgehen der CIA, er ist die Ursache dafür, daß der „Nationale Sicherheitsrat" überhaupt noch existiert. Der NSA oder auch NSC sollte die Kontrolle des CIA übernehmen, sollte Bindeglied zwischen Geheimdienst und Präsident sein und somit gleichzeitig dem CIA seine Aufgaben zuweisen.

Der NSC aber stellte faktisch seine Arbeit ein. Er mußte lediglich auf dem Papier erhalten bleiben, da mit seiner Auflösung auch das Gesetz von 1947 umgeschrieben werden müßte; eine Neubestimmung, zumindestens eine öffentliche Diskussion über Ziel und Aufgabe des CIA wäre die Folge.

In der Realität hat diese Aufgabe eine dubiose Gruppe übernommen: der *40er Ausschuß*.
Der CIA entwickelte sich gewollt oder ungewollt unter den Augen des 40er Ausschusses zu einer Geheimgesellschaft, wie wir sie heute kennen bzw. eben *nicht* kennen. Er unterliegt keiner konsequenten, staatlichen und/oder öffentlichen Kontrolle mehr.
Sein Aufbau, seine Arbeitsweise ist nicht mehr bekannt, ist konspirativ. Wieviel Geld der Geheimdienst jährlich zur Verfügung hat, ist keinem bekannt. Selbst Insider wissen nicht, wieviele Programme zur Destabilisierung aktuell laufen. Diese Situation führt dazu, daß Teile des CIA völlig autonom handeln können. Ideale Voraussetzungen für die totale Manipulation. Teile des Apparates können instrumentalisiert werden, ohne daß der CIA es offiziell weiß. Das heißt, der CIA als Ganzes oder auch einzelne Abteilungen von ihm können vom 40er Ausschuß für eine Politik benutzt werden, die nicht unbedingt mit der offiziellen US-Politik und der Verfassung der Vereinigten Staaten übereinstimmen.
Der CIA hat viele Gesichter: Er ist einer der offiziellen Geheimdienste der USA, er ist die weltweit effektivste operierende Geheimorganisation, die die Mafia, faschistische Organisationen, Freimaurer-Logen wie die italienische P 2, Stadtguerillaorganisationen wie die „Rote Brigade“ (Italien), „17. November“ (Griechenland) oder die „RAF“ (Deutschland) unterwandert zu haben scheint.
Der CIA ist aber auch gleichzeitig eine riesige uneffektive Behörde. So hat ein interner Ausschuß ergeben, daß Papiere in solch ungeheurem Ausmaße angefertigt wurden, daß eine sinnvolle Würdigung und Bearbeitung überhaupt nicht gewährleistet war. Der interne Ausschußbericht hatte, und das ist nun fast schon wie-

der witzig, nur solche Papiere erfaßt, die „geheim", „streng geheim" oder auf einer noch höheren Sicherheitsstufe waren. Papiere, die eine dieser Sicherheitsstufen erfüllten, wurden also in wesentlich größerem Umfang „produziert", als sie überhaupt noch bearbeitet werden konnten. Von diesen Papieren landete ein Großteil ungewürdigt in irgendwelchen Ablagen. Wichtiges wurde neben völlig Unwichtigem erarbeitet; es entsteht das Bild eines monströsen Apparates, die zum Selbstzweck geworden ist, und von dem nur eine kleine Minderheit weiß, wie man sie benutzen kann.

Führende amerikanische Politiker erlebten den endgültigen Zerfall des Ostblocks als völlige Überraschung. Die Öffnung des Brandenburger Tores erfuhren sie aus den Medien. Ob der CIA wirklich so unterwandert war, daß ihm die ganze Entwicklung entgangen sein sollte (wie es jetzt dargestellt wird), oder ob das Eingeständnis von Inkompetenz nur eine neue Legende ist, von der CIA selbst in Szene gesetzt, sei dahingestellt.

Trotz Zusammenarbeit im Bereich der Spitzentechnologie*5, trotz der Tatsache, daß der CIA weltweit, in allen Ländern, offiziell oder inoffiziell präsent ist, sollte sie von den aktuellen Vorgängen überrascht worden sein? Eine Legende, die selbst nach Präsentation eines Doppelagenten nicht an Glaubwürdigkeit gewonnen hat. Das Image des schwerfälligen, oft starren Geheimdienstes, wird genauso kultiviert wie die des effektiven Nachrichtendienstes; damit bedient man alle Seiten. Kritiker finden genug Ineffizienz vor, um die Diskussion über den CIA auf eine reine Etatfrage zu reduzieren, genauso wie es gewollt ist. Den politischen Gremien liefert man dann natürlich (ohne Öffentlichkeit) soviel „geheime" oder „streng geheime" Papiere, daß sie für die beteiligten Dienststellen nicht mehr zu verarbeiten sind. Über eine ganze Reihe von Aktivitäten, die sie ohne Regierungsauftrag für eine kleine Klientel (oder aus eigenem Antrieb) durchführt, ist der CIA keiner demokratischen Kontrollstelle, und am wenigsten gegenüber der Öffentlichkeit, mehr rechenschaftspflichtig.

Kein amerikanischer Politiker weiß, wieviel Geld der CIA zur Verfügung hat; sie wissen nicht einmal, wie viele Mitarbeiter der Geheimdienst in Wirklichkeit hat. Es gibt ein Gesetz, das festlegt, daß der CIA nicht mehr als 18 000 Mitarbeiter haben darf. Damit sind natürlich nur festangestelle Mitarbeiter gemeint. Nicht in der Statistik enthalten sind sämtliche Kantinenkräfte, alle Reinigungskräfte, das gesamte Wachpersonal für die Vielzahl ihrer Häuser. Nicht enthalten sind auch alle ehemaligen Festangestellten, die direkt nach ihrem Ausscheiden Honorarverträge bekommen haben - ja, auch die fehlen bei der Zahl von 18 000 – und dann fehlen natürlich auch alle, die nur zeitweise für den Geheimdienst arbeiten, alle Kräfte, die nur auf Honorarbasis arbeiten, die vielen, vielen tausend Zuträger. Es fehlen in der Statistik dann noch einige 100 Professoren, einige tausend Studenten (der Nachwuchs), einige hundert Politiker, Militärs, Journalisten und all die Menschen die man sich gefügig gemacht hat. Dann fehlen natürlich noch die, die es offiziell gar nicht gibt, die, deren Aufträge gar nicht erteilt worden sind. Dann kommen noch einige zehntausend Söldner dazu, die, wie im Vietnamkrieg, ausschließlich dem CIA unterstehen, sowie die 35 000 Opiumbauern aus dem Meostamm in Laos, die in der offiziellen Privatarmee des CIA der „Armée Clandestine“ rekrutiert wurden.

Bereits in den 70er Jahren gab es ein Vielfaches der Zahl 18 000 Menschen, die für den CIA arbeiteten.

„Im vollen Bewußtsein dieser zusätzlichen Einkommensquelle sagte der Chef für Planung und Programmierung vor einigen Jahren ehrfurchtsvoll, daß der Direktor der CIA nicht lediglich eine „Multimillionen-Dollarbehörde", sondern tatsächlich ein „Multimilliarden-Konglomerat" leite – und das praktisch ohne Kontrolle von außen".

CIA-Agent Victor Marchetti 1974

Das Milliarden-Unternehmen CIA

Neben den zigtausenden von Kräften, die für die Geheimgesellschaft CIA tätig sind, neben enormen Zuwendungen aus dem Staatshaushalt, neben den Einnahmen aus illegalen Geschäften, besitzt der CIA eine unbekannte Anzahl von Firmen und ist darüber hinaus noch mit einer unbekannten Anzahl von Firmen eng verbunden.

Hier eine Auflistung einiger Firmen, die im Besitz der CIA sind bzw. waren:

Radio Freies Europa, Radio Liberty, Radi Swan.

Ebenfalls folgende Luftfahrtgesellschaften:

Air Asia, Air America, Civil Air Transporte, Intermountain Aviation, die Southern Air Transporte, die Caribbean Marine Aero Corporation (Caramar) und andere Luftchartergesellschaften rund um die Welt wie die *Pacific Corporation.*

Dazu kommen Firmen wie:

Vanquard Service Corporation, Double-Check-Corporation.

Die größten uns bekannt gewordenen Firmen scheinen die folgenden zu sein:

International Armament Corporation, die *Deleware Corporation* und *Interamco.*

Interamco wurde von einem-CIA Offizier gegründet und gehört inzwischen offiziell, das heißt nach außen hin, einer privaten Gesellschaft, hat aber immer noch engste Beziehungen zum CIA. Inwieweit da doch noch Besitzverhältnisse bestehen, war nicht zu erfahren.

Zu den genannten Firmen kommen noch die folgenden Zeitschriften:

*Forum World Features**6 und *Studies of Intelligence.*
Tja, und dann gehören wohl auch noch folgende Firmen dazu:
Pacific Corporation, Actus Technologie, Aero Associates, Asia Foundation, Gibraltar Streamship Corporation in Miami, Radio Americas, Foreign Broadcast Information Service.
All diese Firmen gehörten/gehören meines Wissens der CIA, und das ist mit Sicherheit nur die Spitze eines riesigen Eisberges. Dazu kommen noch zahlreiche andere Firmen wie z. B.:
Reisedienste, Discountläden, Kliniken, Kreditanstalten und und und ...
Allein die Luftfahrtgesellschaften hatten Ende der 60er Jahre mehr Mitarbeiter, als der CIA offiziell zustanden.

Was diese Auflistung belegen soll:
Die Hintermänner des CIA, der dubiose 40er Ausschuß oder auch MJ 12 genannt, bedienen sich nicht nur einer „Brutstätte für Meuchelmörder" und verfügen über jährlich weit über eine Milliarde US Dollar (1 000 000 000 000 $) aus Steuermitteln; sie haben auch den direkten Zugriff auf ein milliardenschweres Firmenkonsortium.
Wieviel die CIA aus Steuermitteln erhält, weiß ebenfalls keiner. Warum? Nun, das folgende Beispiel soll das kurz beleuchten:
Zu einem Zeitpunkt, als der offizielle Jahresetat 750 Millionen US-Dollar ausmachte, erhielt der Bereich „Wissenschaft und Technologie" 100 Millionen US-Dollar davon. Tatsächlich gab dieser Bereich innerhalb der CIA im gleichen Jahr allein 500 Millionen US-Dollar aus. Die Differenz von 400 Millionen US-Dollar steuerte die Luftwaffe bei. In dem Etat für die CIA tauchen dann natürlich nur die 100 Millionen auf.

Die Kriege in Laos und Vietnam z. B. kosteten den CIA jährlich bereits ca. 500 Millionen US-Dollar. Der Geheimdienst selber zahlte nur 50 Millionen US-Dollar. 450 Millionen Dollar steuerten andere US-Bundesbehörden jährlich dem CIA bei.
Gleichfalls fehlen in den offiziellen Auflistungen der CIA die jährlichen Zuweisungen des Pentagons, die sich auf mehrere hundert Millionen US-Dollar belaufen. Dazu kommt dann noch die Kleinigkeit von hunderten von Reinigungskräften, Küchenpersonal und vor allem sämtliches Wachpersonal, welche allesamt nicht aus CIA-Mitteln bezahlt werden. Und dann sind da noch die Gewinne aus legalen und illegalen Geschäften.
Also, der Betrag, über den die CIA verfügen kann, ist keinem bekannt.
In den 50 Jahren des Bestehens dieser „Terrororganisation" hat sie nicht eine einzige aussagekräftige Bilanz vorgelegt.

Der Aufbau des CIA

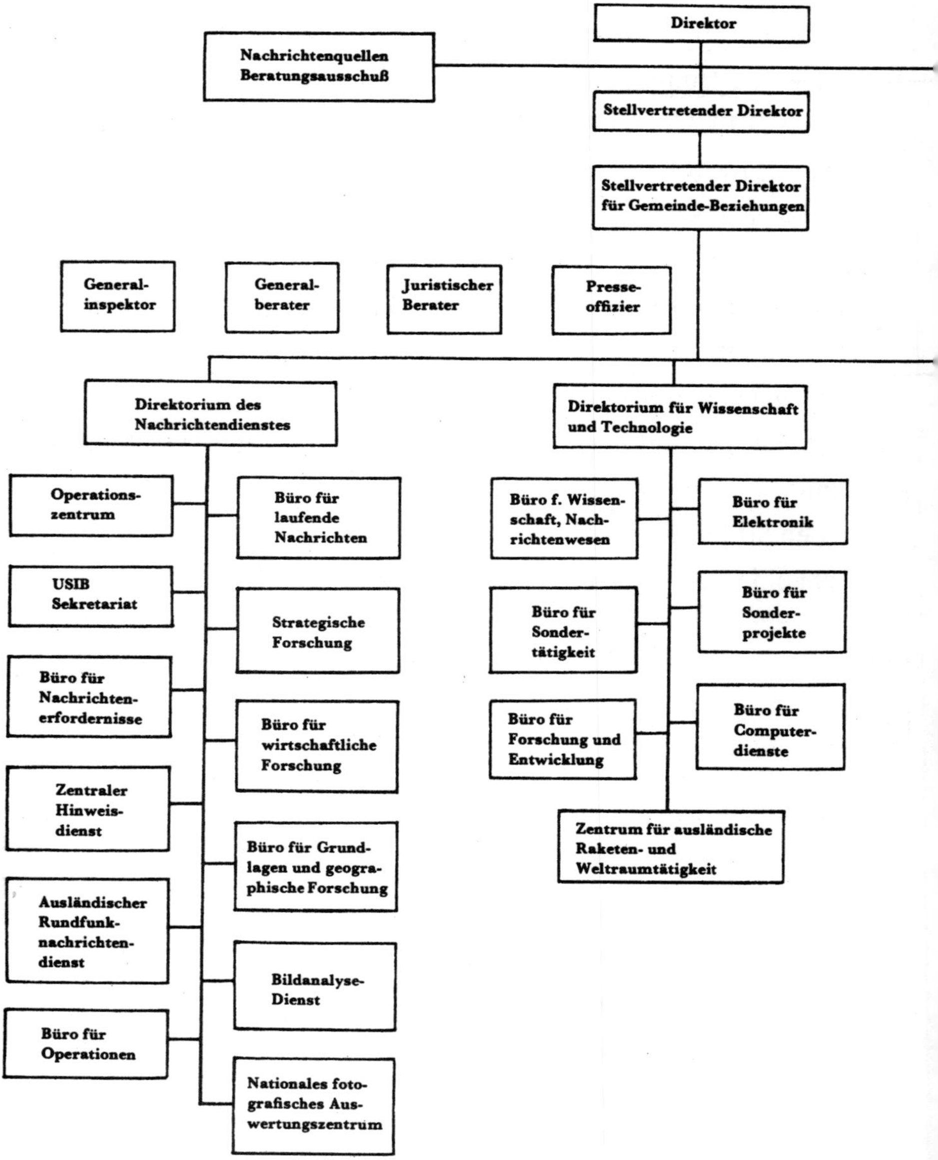

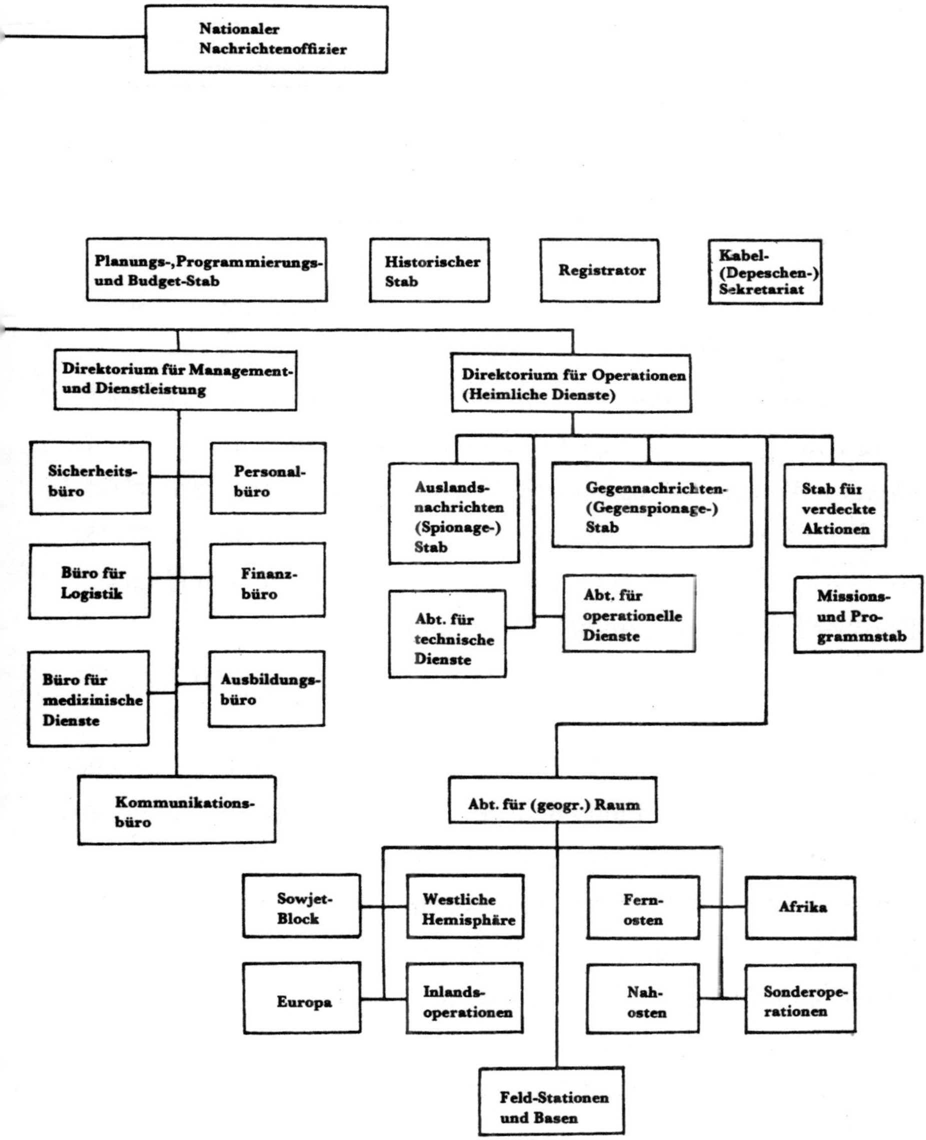

Nationaler Nachrichtenoffizier
Planungs-, Programmierungs- und Budget-Stab
Historischer Stab
Registrator
Kabel- (Depeschen-) Sekretariat
Direktorium für Management- und Dienstleistung
Sicherheitsbüro
Personalbüro
Büro für Logistik
Finanzbüro
Büro für medizinische Dienste
Ausbildungsbüro
Kommunikationsbüro
Direktorium für Operationen (Heimliche Dienste)
Auslandsnachrichten (Spionage-) Stab
Gegennachrichten- (Gegenspionage-) Stab
Stab für verdeckte Aktionen
Abt. für technische Dienste
Abt. für operationelle Dienste
Missions- und Programmstab
Abt. für (geogr.) Raum
Sowjet-Block
Westliche Hemisphäre
Fernosten
Afrika
Europa
Inlandsoperationen
Nahosten
Sonderoperationen
Feld-Stationen und Basen

Von Schreibtischtätern und anderen willigen Helfern

Neben den offiziellen Zahlungen, neben der Vielzahl weiterer Zuwendungen, neben den enormen Einnahmen aus legalen und illegalen Geschäften, pflegt der Geheimdienst überdies intensive und für ihn sehr förderliche Kontakte zu Großbanken und Großindustriellen.

Hier einige Namen von Firmen, die in der Vergangenheit personell oder geschäftlich eng mit der CIA verbunden waren:

U. a. *IBM, ITT, Lotus, Wistinghouse* (Rüstungslieferant), *Lockhead* (Starfighter), *United Fruit Company, Abington Textil, Machinery Works*, das angesehene Magazin „*Times*" die Pariser Zeitung „*Le Combat*", Verlage wie *Frederick Traeger* in New York, *Bell Telephone Laboratories, Motorola, Polaroid* und und und ...

Darüber hinaus sind sämtliche *US-Handelskammern* mit dem CIA verbunden, und dann sind da natürlich noch das *Rockefeller*- und das *Bush*-Imperium.

Beide Familien gehören wohl der „geheimen Regierung" an und dürften dort zu den führenden Persönlichkeiten gehören. Sie instrumentalisieren über *MJ 12* die komplette CIA und stellen ihrerseits wieder ihre Verbindungen und den Einfluß ihrer Imperien zur Verfügung – dazu gehört natürlich einer der mächtigsten und ältesten Bankhäuser des Kontinents: die *Chase Manhatten Bank.*

Die Connection Rockefeller – Chase Manhatten Bank – CIA ist inzwischen schon traditionell zu nennnen.

Gute Tradition ist es z. B., daß sich der CIA-Chef regelmäßig mit Direktoren der Chase Manhatten Bank und mit Mitgliedern der Rockefeller-Familie trifft*8.
Die Chase Manhatten Bank und viele weitere Banken stellen dem CIA ihr weltweites Filialnetz als Tarnung zur Verfügung*9.
Aber es ist weiß Gott nicht nur die „Rockefeller Bank", die Chase Manhatten, die der CIA Unterstützung, Logistik und Tarnung gibt – mit dabei ist auch die City Bank.

Die Zusammenarbeit zwischen Kapital und Geheimdienst reicht jedoch noch tiefer. So war der frühere Chase-Manhattan-Manager, Bruce Weinrod, aktiv an der Leitung eines Unterarms des CIA tätig, dem USIP.
Die USIP ist eine Finanzierungsquelle und Koordinationsstelle für Forschung im Bereich „Low Intensity Conflict" (dies ist der Begriff für den Konfliktbereich unterhalb eines Krieges). Dabei handelt es sich um jegliche Erscheinugnsform von „Kleinkrieg": Psychologische Kriegsführung, Anschläge, Unterstützung von Rebellen oder Konterrevolutionen, kurz: alles in allem ein hochinteressantes Betätigungsfeld für amerikanische Banken, die ihre Interessen in aller Welt nicht dem Zufall überlassen wollen.

Die Weltbank des Verbrechens

Der CIA und seine Hausbank, die „First American“, waren stets aufs Engste mit der BCCI-Bank verbunden.
Die BCCI Bank darf man rechtlich ungestraft als „Weltbank des Verbrechens“ bezeichnen. Ich behaupte zwar nicht, daß die BCCI (Bank of Credit and Commerz) eine Firma war, die der CIA gehörte, denn dies wäre reine Spekulation und ist nicht beweisbar. Jedem, beim Lesern jetzt möglicherweise aufkeimenden Verdacht sei hiermit widersprochen.
Tatsache ist aber: Dem CIA war bekannt, daß jene fragwürdige BCCI-Bank seine Hausbank, das Geldhaus „First American“ illegal und heimlich übernahm.
Die BCCI ist dabei wie „eine weltweite Geheimdienstorganisation und eine mafiaähnliche Vollstreckergruppe vorgegangen“, so die „Times“.

Die BCCI hatte ca. 400 Filialen in 73 Ländern der Welt. Sie vergab mehrere hundert Millionen US-Dollar an Kreditnehmer, die ihr unbekannt waren, ja, von denen selbst im Fall des Konkurses nicht festzustellen war, wer letztendlich dahinter steckte. So konnte der Kreditnehmer A. R. Kahalil 150 Millionen US-Dollar erhalten, ohne daß man feststellen konnte, wer oder was sich hinter A. R. Khalil verbarg. Als die BCCI in Konkurs ging, mußten diese Gelder abgeschrieben werden, da nicht zu ermitteln war, wer die Gläubiger sind.

Gelder erhielten u. a. Saddam Hussein über Manuel Noriega, ebenso wie die militanten Palästinenser um Abu Nidal.
Waren es CIA-Gelder, die da über die Bank weitergegeben wurden? War die CIA der ominöse A. R. Kahalil? Verdiente der CIA an der Bank, oder benützte er die BCCI nur zur Abwicklung von Zahlungen?

Politik, Bank und Nachrichtendienst Hand in Hand

Rockefeller, Morgan, Warburg stellen die Spitze des amerikanischen Geldadels dar; sie sind an Standard Oil/Shell beteiligt und stehen dem CIA jederzeit helfend zur Seite.
Schützenhilfe in besonderem Umfang erhielt die CIA auch von Ronald Reagan, einem „CIA-Mann". Reagans Wahlkampfmannschaft war vom CIA handverlesen. (Das ist jedoch keine besondere Ausnahme; es geschieht immer wieder).
Besondere Schützenhilfe war natürlich auch vom späteren Präsidenten George Bush zu erwarten. Schließlich war dieser Mann lange Jahre Direktor des CIA gewesen.

Auf die Familie Bush kommen wir im nächsten Kapitel noch zu sprechen.

Die wundersame Karriere des George Bush

Gehen wir noch einmal zurück nach Amerika: Hier haben wir ein wunderschönes Paradebeispiel in der Person von Georg Bush. Ein Beispiel dafür, wie Geld und Macht, Geheimdienst und Politik in einer Person zusammenfließen können.
Georg Bushs Vater war Partner der größten Privatbank der Welt, der *Brow Brothers Harrimann.*
„*Die furchterregende Macht dieser Bank und ihres allgegenwärtigen Netzwerkes, geführt von Senator Prescott Bush bis zu seinem Tode 1972 ... ist der einzige und wichtigste Schlüßel zu jedem Schritt von George Bushs Geschäften, verdeckten Operationen und seiner politischen Karriere.*“*10.

Georg Bush studierte auf der Elite-Universität Yale.
Er war Mitglied verschiedener Geheimgesellschaften u.a. einer skurilen Vereinigung namens *Bohemian Club*. Hier trafen sich Industriemagnaten, Politiker, Banker und Geheimdienst-Mitarbeiter sowie hohe Militärs zu vergnüglichen Sommerparties. Auch wenn es sich nach außen hin als eine Verbindung zum Zweck der Freizeitgestaltung darstellte, so ist es doch immerhin erstaunlich, daß aus dieser Geheimgesellschaft eine große Anzahl von Präsidenten der Vereinigten Staaten hevorgingen. So z. B. George Bush, Ronald Reagen, Gerald Ford, Richard Nixon, Dwight Eisenhower, Calvin Coolidge und Herbert Hoover*11.
Dem Bush-Biographen Konrad Ege zufolge, gehörte Bush in den 70er Jahren allein drei Clubs an, die nur Weiße aufnahmen.

Mit Mitte Dreißig stieg George Bush in das Ölgeschäft ein. Er gründete die *Bush-Overby Oil Develoment & Co.* Mit Ende Dreißig gründete er die nächste Ölfirma: *Zapata Petroleum.* Dieser Name sollte wohl witzig sein, ist aber wohl bestenfalls zynisch zu nennen. *Emilio Zapata* war ein bekannter mexikanischer Freiheitskämpfer. Die Namenswahl „Zapata" sollte Bush Jahre später jedoch noch einigen Ärger bereiten.

Nach der Trennung von seinen Partnern bei Zapata Petroleum wuchs die Firma zu dem Multimilliarden-Dollar-Imperium *Pennzoil-Company* heran.

Kurz nach der Ermordung John F. Kennedys ging es mit der Karriere Bushs steil aufwärts.

Zwölf Jahre später war er Boß der CIA, 4 Jahre später war er Vizepräsident, und weitere 8 Jahre darauf wurde er Präsident.

Auf den Mord an Kennedy werde ich in diesem Buch später noch ausführlich eingehen, stellte er sich doch für viele wache Betrachter keineswegs als die Tat eines Einzelgängers dar, sondern als ein von führenden Industriellen, Bankern, Politikern und Geheimdienstlern durchgeführter Staatsstreich.

In diesem Zusammenhang gab es einige für George Bush unangenehme Gerüchte: Auf ihn trafen fast alle Merkmale derer zu, die verdächtigt wurden, an der Verschwörung beteiligt gewesen zu sein.

Bush war Texaner, Ölindustrieller, hatte enge Kontakte zu Exilkubanern und war allem Anschein nach zu diesem Zeitpunkt bereits für die CIA tätig. Genau das aber waren die Attribute, die man dem möglichen Täterkreis zuschrieb.

In einem internen FBI-Papier das später vom *Federal Bureau of Investigation (FBI)* der Öffentlichkeit vorgestellt wurde, finden wir dann einen weiteren Hinweis auf die Möglichkeit der Verstrikkung von George Bush in die Verschwörung. Hier heißt es wörtlich: „*Mr. George Bush von der CIA ist bei einer Anhörung in diesem Zusammenhang befragt worden*"*12.

Laut Roths: „*Mitternachtsregierung*" wollte das FBI gezielt von Ihm wissen, wie die Situation und die Stimmung bei den Exilkubanern sei.

Die Zeitschrift „Nation" schreibt am 26. Juli 1988 sinngemäß: „*Als CIA-Mitglied wäre seine Zapata Petroling eine wunderbare Dekkung, da er für Zapata Oil oft in die karibischen Gebiete mußte. Als man Gerorg Bush hiermit konfrontierte, gab er ein gewundenes Dementi ab.*"

Später dann ließ der CIA erklären, daß George Bush nicht *der* George Bush gewesen sei, sondern daß es sich in Wirklichkeit um einen anderen George Bush handle, der mit dem nämlichen nicht identisch sei. Einen „anderen Georg Bush" als den uns allen bekannten konnte aber in all den Jahren auch nie präsentiert werden – weder durch den CIA noch durch das FBI. Eigenartigerweise führte der CIA zur gleichen Zeit, als der Versuch von reaktionären Exilkubanern scheitere, Kuba wieder mit Waffengewalt an sich zu reißen (Schweinebucht), eine eigene Operation in dem Gebiet durch. Laut Fletcher Prouty lief die Parallelaktion unter dem Codenamen „Zapata"[13]

John F. Kennedy war es, dem die mißglückte Aktion zugeschrieben wurde.

George Bushs Aktivitäten zu jener Zeit für den CIA sind nicht dokumentiert (angeblich sollte es ja ein anderer George Bush gewesen sein, der damals für den CIA arbeitete. Zufälligerweise war der Codenamen der CIA *Operation: „Zapata"*, und das eine von den zwei Schiffen trug ebenso zufällig den Namen *Barbara* (so hieß, wie der Zufall es will, die Ehefrau von Georg Bush). Das andere Schiff hatte den Namen Housten, was zufälligerweise der Wohnsitz von George und Barbara Bush war.

Nach dem Scheitern der Schweinebuchtaktion wurde Kennedy umgebracht*14 Dem unbedarften Zuschauer zeigt sich folgendes Bild:
Schweinebuchtaktion: mögliche Verstrickung der CIA,
Kodename: *ZAPATA*
Beteiligte Schiffe: *Barbara* und *Housten*
Kennedymord: mutmaßliche Verschwörung, gesucht wird in dem Umfeld: *Texaner, Ölmulti, CIA, Exilkubaner.*
George Bush: Steile Karriere seit dem Tod Kennedys. Vom FBI in diesem Zusammenhang verhört. Laut seinem Büro gibt es keine Verbindung zwischen George Bush und dem CIA. 12 Jahre später Leiter des CIA; laut seinem Büro gibt es keine Verbíndung zwischen George Bush und den Exilcubanern.
Die Zufälle mit den Namen der Schiffe und dem Codenamen *Zapata* wollen wir mal als Zufälle gelten lassen; wir glauben aber keinem, der sagt, er habe keine Kontakte zur CIA, und es müsse sich bei dem Befragten um einen anderen George Bush handeln, wenn 12 Jahre später eben dieser George Bush den CIA leitet.

Wie sieht es denn mit der zweiten Aussage aus: er habe keinen Kontakt mit den Exilcubanern?
Heute stellt sich die Lage so dar: Der Anführer der Exilkubaner, Jorge Mas Canosa, prahlt mit seinen guten Kontakten zu George Bush. Mit ihm und mit Hilfe der Hochfinanz aus Miami hoffe er

immer noch, Kuba zurückerobern zu können. Hilfe erhalte er auch von seinem Kompagnon und vom *1. kubastämmigen* Präsidenten der Handelskammer: Jeb Bush (Präsidentensohn) *15.
Ein Schelm der Böses dabei denkt!

Wie kommt ein George Bush zu einem kubastämmigen Sohn? Sollen wir wirklich glauben, daß ein kubastämmiger Vater keinen Kontakt zu Exilkubanern hatte, wenn sich deren Anführer Jahre später damit brüstet?
Wie kommt der Leiter der Exilcubaner, Mas Canosa, zu der freundschaftlichen und vor allem sehr persönlichen Widmung seines Präsidenten auf dem großen Präsidentenbild hinter seinem Schreibtisch*16? Diese Frage müssen wir uns stellen, wo es doch angeblich keinerlei Kontakte zu *„seinem guten Freund*“ gibt.

Bevor Georg Bush CIA-Chef wurde, mußte er eine Befragung über sich ergehen lassen. Der demokratische Senator Hart setzte ihm heftig zu, und nach mehrmaliger Nachfrage, wie er zu Mord, Unterstützung von Militäraktionen auch gegen demokratisch gewählte Regierungen, Waffenlieferungen zum Zweck von Morden und Putschen usw. stehe, sagte Bush: *„So ist die Welt eben ... ich denke, daß wir solche Geheimoperationen nicht ausschließen dürfen.*“
Hart: *„Es gibt alle möglichen Geheimoperationen, ich rede von dem gewaltsamen Stürzen von Regierungen.*“
Bush: *„Und ich sage, daß wir das nicht ausschließen dürfen*“.*17
Sein komplizenhaftes „Wir-Gefühl“ bezüglich des CIA zeigte sich auch überdeutlich, als es um die Aufarbeitung des Chile-Putsches ging. Die Regierung des demokratisch gewählten Sozialisten Al-

lende wurde mit Hilfe amerikanischer Großkonzerne durch das chilenische Militär gestürzt. In der Folge begann eines der brutalsten und grausigsten Kapitel Lateinamerikas. Der neue Machthaber Pinochet folterte und mordete ohne den Ansatz irgendeiner demokratischen Legitimation (als ob es eine solche überhaupt gäbe?).

Waren es nur das Militär und Großindustrielle oder auch der CIA, die daran beteiligt waren, Pinochet auf den Thron zu heben?

George Bush behinderte die Untersuchung des amerikanischen Justizministeriums für lange Zeit. Erst als eine zwingende Anweisung aus dem „Weißen Haus" kam, wurden die zurückgehaltenen Unterlagen freigegeben. Aufgrund der Unterlagen wurde Richard Helms (der Vorgänger George Bushs als CIA-Direktor) verurteilt. Nicht etwa für schlimmste Menschrechtsverletzungen, nicht für die Beteiligung an Mord und Totschlag, nicht dafür, sich in die inneren Angelegenheiten eines selbständigen, demokratisch legetimierten Staates und seiner Regierung eingemischt zu haben – nein: er wurde verurteilt, einen US-Senatsausschuß und die amerikanische Öffentlichkeit belogen zu haben, und zwar in der Frage, inwieweit de CIA an dem Militärputsch gegen den gewählten Präsidenten Salvador Allende beteiligt gewesen zu sein.

Allein darüber sollten wir einmal nachdenken: Was für ein amerikanischer Chauvinismus!

Eine der ersten Amtshandlungen Allendes war: jedes Kind erhielt einen Liter Milch kostenlos. Das war ein ganz wichtiger Schritt gegen die Unterernährung und auch gegen den absoluten Bildungsnotstand. Welches Kind geht schon in die Schule und kann sich konzentrieren, wenn es nicht zumindest das Nötigste hat, um zu überleben.

Ein weiterer Schritt bestand in der Aufkündigung von Verträgen mit ausländischen Minengesellschaften. Salvador Allende stand auf dem Standpunkt, die Bodenschätze gehörten dem chilenischen Volk und nicht einer amerikanischen Firma. Die Folgen kennen wir: Amerikanische Geheimdienste und amerikanische Hochfinanz machten gemeinsame Sache mit Militärs und Folterknechten und stürzten das Land in einen blutigen Bürgerkrieg. Amerikanische Interessen waren bedroht. Die Folge waren nicht nur zigtausende von Toten, sondern auch tausende verschwundener Menschen, Fußballstadien wurden zu Konzentrationslagern umfunktioniert und, und, und ...
Pinochet, der Schlächter von Chile, konnte sich viele, viele Jahre lang halten und das Schreckensregime aufrechterhalten. Ohne die tatkräftige Unterstützung aus den Vereinigten Staaten wäre das nie möglich gewesen.
Nun, der CIA-Direktor Helms wurde verurteilt – wegen einer Lüge einem US-Senatsausschuß gegenüber.
In diesem Fall hat wohl die Autorität Bushs einmal nicht ausgereicht.

Als George Bush unter Präsident Carter sein Amt im CIA verlor, „überwinterte" er als Führungskraft der *First International Bancshares,* der größten Bank in Texas und im amerikanischen Süden sowie als Aufsichtsrat bei dem Chemiekonzern *Eli Lilly* – einem Chemiekonzern gewaltigen Ausmaßes.
Als Bush zum Präsidenten kandidierte, konnte er sich auf ganze Seilschaften von aktiven Geheimdienstlern verlassen. Hier nur eine kurze Auswahl:

Der ehemalige CIA-Stellvertreter *Harold Aaron* saß im Leitungsausschuß der Kampagne, Bushs Stellvertreter *Henry Knoche* leitete die Kampagne im amerikanischen Westen. Der CIAler *Bruce Rounds* war für den Bundesstaat New Hampshire verantwortlich, für Florida der CIA-Mitarbeiter *Harry Webster*. Insgesamt sind über 20 CIAler bekannt, die aktiv für den Wahlkampf tätig waren. Nicht zu vergessen die vielen hundert „kleinen Kontakte" vor Ort.

Übrigens: In Sachen Kennedymord darf man wohl ungestraft behaupten: George Bush scheint zu den ganz wenigen US-Amerikanern zu gehören, die kein Interesse daran zu haben scheinen, daß die Unterlagen bezüglich des Kennedy-Komplotts an die Öffentlichkeit kommen.*18

Das Kennedy-Attentat

Der junge Präsident, der für die USA ein verheißungsvoller neuer Anfang war, wurde am 22. November 1963 ermordet. Warum nun mußte ausgerechnet der charismatische J. F. Kennedy, der überall hohes Ansehen für seine Art der politischen Führung genoß, sterben? J. F. Kennedy war eine integere Person, wie schon aus seinem Aufsatz „*Zivilcourage (Profiles in Courage*)“ zu ersehen war. Anstand und Glaubwürdigkeit erachtete er für höhere Werte als Machtspiele. In diesem Aufsatz schreibt Kennedy:“*Die Forderung nach politischer Zivilcourage erhebt sich heute gebieterischer als je zuvor. Unser Leben steht dermaßen unter dem Einfluß der Massenmedien, daß jede unpopuläre oder ungewöhnliche Handlung Proteststürme hervorruft, wie sie sich ..., niemals vorgestellt hatte.*“

Kennedys Feinde kamen aus dem eigenen Haus, nämlich dem CIA. Der neue Präsident bekam nach seinem Amtsantritt Geheimpapiere über erfolgte UFO-Landungen übergeben. Diese bislang geheim gehaltenen Beobachtungen wollte Kennedy veröffentlichen lassen, da er der Ansicht war, dieses Wissen sollte allen zugänglich sein. Des weiteren plante er den Rückzug einiger US-Berater aus Vietnam; dieser Rückzugbefehl wurde im Oktober 1963 erlassen. Die Tätigkeit des CIA in Südostasien wollte er ebenfalls drastisch einschränken. Kurzum, er stand dem *Establishment* mit seinem militärischen Interessen im Wege, und er wollte deren Instrument, die CIA, in ihrem Aktionsradius beschneiden.

Daß bislang sämtliche Unterlagen zu UFO-Landungen der Öffentlichkeit verschwiegen worden waren, lag in deren Interesse. Zu den Hintergründen muß folgendes angeführt werden:

Am 2. Juli 1947 ereignete sich in Rosewell, New Mexiko, ein Absturz, bei dem 92 Zeugen einen außerirdischen Flugkörper vom Himmel herunterkommen sahen. Davon waren 35 Personen Air-Force-Personal. Nach dem Absturz fand man im Inneren des Flugkörpers vier kleine, menschenähnliche Wesen.
Danach folgten noch zwei Abstürze in der Nähe von Aztec, New Mexiko, am 13. Februar und am 25. März 1948; die Flugkörper waren Scheiben mit einem Durchmesser von 33 Metern, und die 16 Insassen, die gefunden wurden, waren bereits tot.
1949 gab es einen weiteren Absturz in Rosewell, diesmal jedoch überlebte einer der Insassen. Dieses Wesen wurde nach Los Alamos gebracht und unter strikten Vorsichts-maßnahmen unter Verschluß gehalten. Man nannte den Humanoiden „*EBE*“ (*Extraterrestrial Biological Entity*) und betraute einen jungen Oberst mit seiner Betreuung. Diesem Oberst erzählte der Außerirdische, daß es Reinkarnation gäbe. Er erzählte von seinem Planeten, der wüstenähnlich wäre und dessen Sonne auszugehen drohe. Auch daß seine Art seit 25 000 Jahren die Erde besuchte und daß in einigen Ländern unterirdische Depots wären. Unter dem Codenamen „*Yellow Book*“ wurde dieses Geschehnis aufgezeichnet. Versuche, unter dem Projektnamen “Sigma“ mit weiteren Angehörigen dieser Spezies Kontakt aufzunehmen, scheiterten. Leider konnte der Besucher nicht gerettet werden. Ende 1951 erkrankte er, und da seine biologischen Körperfunktionen auf der Basis von Chlorophyl funktionierten, schaltete man den Botaniker Dr. Guillermo Mendoza zur Behandlung mit ein. Diese brachte keinen Erfolg, und so starb „EBE“ am 18. Juni 1952 in Los Alamos.

Bereits nach dem ersten Absturz wurden – noch unter Präsident Truman – verschiedene Geheim-Organisationen ins Leben gerufen, die sich mit den aufgetauchten UFOs beschäftigen sollten. Übergeordnet war diesen Organisationen die Operation „MAJESTIC 12", wobei *Majesty* der Codename für den Präsidenten ist.
Mitglieder von Majestic 12 waren: *Dr. Vanevar Bush*, wissenschaftlicher Berater des Präsidenten, Verteidigungsminister *Forrestal*, später auch *Nelson Rockefeller*, *Allen Dulles*, Chef des CIA und *J. Edgar Hoover*, Chef des FBI. Die restlichen Mitglieder gehörten dem CFR an, unter dessen Mitwirkung später die UNO entstand. Alle 12 Beteiligten in dieser Organisation waren Mitglieder des *Skull & Bones*-Ordens, dessen Elitezirkel *Jason-Society (Jason Scholar)* sie angehörten. Interessanterweise berichteten *William Cooper* und *George Segal* übereinstimmend, daß der CIA für die praktische Durchführung der Abschirmung jener außerirdischen Aktivitäten eingesetzt wurde.
Ausführliche Informationen zum Thema *MJ 12 – Die geheime Regierung* erhalten Sie im Band 2 von *Die Macht* (ISBN 3-89539492-0) oder aus dem Buch von Milton William Cooper: *MJ 12* *19
Wenn Sie nähere Informationen zu den Ufo-Landungen möchten, sollten Sie von Brad Harris *Die dunkle Seite des Mondes* lesen; dort verzeichnet der Autor akribisch das Material aus einer Vielzahl von Büchern, viele davon aus den USA, und weist zahlreiche Fotos als Belege vor. In *Die dunkle Seite des Mondes* sind auch Geheimakten des CIA, die nach mehr als 30 Jahren des Zurückhaltens nunmehr durch den *Freedom of Information Act* für die Öffentlichkeit zugänglich gemacht wurden. Die beiden Bände (I + II)

geben einen sehr guten Einblick in das komplexe Thema der UFO-Forschung. Des weiteren empfehlenswert ist das Buch von Virgil Armstrong*, der als ehemaliger Green Beret und CIA-Mitglied 1948 Augenzeuge des Absturzes in White Sands, New Mexiko, war und dort als Captain der G-2 Air Division an der Geheimhaltung beteiligt war.

Da UFOs in diesen Jahren gehäuft auftraten, stellt sich natürlich die Frage, welche Absichten sie hier verfolgten. Er Grund war: Die Außerirdischen versuchten, mit den Menschenführern Kontakt aufzunehmen. Folgende Begegnung ereignete sich am 20. Februar 1954, nachdem bereits vorher mehrfach UFOs von verschiedenen Personen beobachtet und über der Edwards (MUROC) Luftwaffenbasis gemeldet wurden. An diesem 20. Februar 1954 nun geschah es, daß direkt über der Luftwaffenbasis ein zwischen 60 und 100 Metern großes, scheibenförmiges Luftfahrzeug so lange auf und ab schwebte (und dabei verschiedenste Manöver wie Flüge im rechten Winkel und andere nicht für möglich gehaltene Flugmanöver vollführte), bis jeder der Anwesenden es wahrgenommen hatte.

Dwight D. Eisenhower, der gerade zur Erholung im nicht weit entfernten Palm Springs weilte, wurde informiert und zum MUROC/Edwards Landeplatz geflogen. Insgesamt waren 5 Flugobjekte, 3 scheibenförmige und 3 Zeppelinförmige über dem Stützpunkt. Die Wesen, die vor dem staunenden Präsidenten und der gesamten Mannschaft des Stützpunktes ausstiegen, waren etwa so groß wie Menschen, blond und sprachen englisch. Ihre Anwesenheit erklärten sie damit, daß sie den Menschen bei deren spiritueller Entwicklung behilflich sein wollten. Ihre Technologie wollten sie jedoch keineswegs übermitteln, da sie durch Beobachtung erkannt hätten, daß die Menschen schon mit ihrer eigenen Technik andere Menschen unterdrückten. Sie sagten, daß alle Wesen Teil der interplanetarischen Gesetzmäßigkeiten wären und es daher wichtig sei, daß die Probleme der Erde gelöst und Frieden hergestellt Würde. Schließlich seien auch wir Mitglieder einer größeren Familie hätten dort Verpflichtungen. Sie riefen dazu auf, sich in die planetarische Gemeinschaft einzufügen. Solange wir nicht in Harmonie mit unserer Umwelt, in Frieden mit anderen Nationen und ohne die Erde weiter zu verschmutzen und auszubeuten, leben würden, würden sie mit uns keinen Kontakt halten.

Ihre Hauptforderung war, mit der sinnlosen atomaren Aufrüstung aufzuhören und die bereitstehenden Technologien sinnvoll zu nutzen. Als ihr Abrüstungsangebot nicht angenommen wurde, erklärten sie, daß sie auch in Zukunft mit aufgeschlossenen Menschen Kontakte aufnehmen würden, bis sich die Erdenmenschen an sie gewöhnt hätten. Dem verblüfften Eisenhower und dem Stützpunktpersonal führten sie dann noch einen weiteren Beweis ihrer überlegenen Möglichkeiten vor, indem sie sich vor den Augen aller unsichtbar machten, was bei den irdischen Beobachtern verständlicherweise für Beklommenheit sorgte. Die Präsenz der Außerirdischen war nämlich dennoch spürbar.

Danach stiegen sie wieder in ihre Raumschiffe. Zeugen dieses Besuches der Außerirdischen waren Geralt Light vom Medienkonzern CBS, Earl of Clancerty, Mitglied des englischen Oberhauses, William Cooper, Ex-Geheimdienstler sowie Paul Solomon sowie die dort stationierten Luftwaffenangehörigen.

Dieses Geschehnis ist außerdem durch die damaligen Filmaufnahmen von US-Astronaut Gordon Cooper bestätigt worden, dem während seiner Dienstzeit ein Film über eine UFO-Landung auf einem kalifornischen Luftstützpunkt gezeigt wurde. Eisenhower, dem bereits bei Dienstantritt Kenntnisse über die UFOs mitgeteilt worden waren, wurde damals suggeriert, im „Interesse der nationalen Sicherheit" sei es wichtig, die Bevölkerung darüber nicht zu informieren.

Natürlich ging es dabei vor allem um die herrschenden Machtverhältnisse: Hätten die Menschen gewußt, daß es außerhalb der Erde ebenfalls Lebewesen gibt, deren technische Möglichkeiten weitaus umfangreicher als die unseren sind, es hätte den Hierarchien auf der Erde schaden können.

Wer würde noch an die Politiker glauben und an deren Anspruch auf die Wahrheit, wenn es bereits höher entwickelte Lebewesen in anderen Systemen gäbe? Wer würde sich noch freiwillig ans Fließband stellen und von seinem Lohn (!) Abgaben und Steuern zahlen, um damit unter anderem dieEnergiekosten für seinen Lebensstandard zu decken, wenn er sieht, daß es andere Formen der Energie gibt, deren Einsatz kostenlos ist?

Dies alles wollte nun Kennedy offenlegen. Welche Folgen es gehabt hätte, wäre er noch dazu gekommen, seinen Plan in die Tat umzusetzen, kann jedermann sich leicht ausmalen. Verteidigungsminister Forrestal, der auch Mitglied bei Majestic 12 war, versuchte dies ebenso., Er „fiel" daraufhin aus einem Krankenhausfenster, mit einem Bettlaken um den Hals. Kennedy hatte nicht mehr Glück, er wurde am 22. November 1963 in Dallas erschossen.

Lee Harvey Oswald, der angebliche Einzeltäter, war früher einmal CIA-Mitarbeiter gewesen. Zum Zeitpunkt des Attentats arbeitete er jedoch für Jack Rubenstein (alias Jack Ruby). Oswalds Tod war

bereits geplant, nur so hatte man für die Öffentlichkeit einen Täter, der nichts mehr aussagen konnte.
Vorbereitet wurde das Attentat von den CIA-Mitgliedern Orlando Bosch, E. Howard Hunt, Frank Sturgis und Jack Ruby. Der übermächtige CIA-Chef Allen Dulles war von Kennedy, nachdem die Schweinebucht-Operation fehl schlug, unmittelbar nach seinem Amtsantritt 1961 gefeuert worden.
Außerdem ließ Kennedy den Kongress am 18. Juli 1963 wissen, daß er das Zahlungsdefizit der USA vermindern wollte. Dazu sollte eine Zinsausgleichsteuer auf ausländische Guthaben von US-Bürgern in Höhe von 15 % auf deren im Ausland angelegtes Kapital erhoben werden. Auch den Export von Industriegütern wollte der Präsident erhöhen. Alle diese Maßnahmen fanden weder die Zustimmung der internationalen Bankiers noch des CIA.

Als nun J. F. Kennedy am 22. November 1963 durch Dallas fuhr, traf ihn ein Schuß von einem der umliegenden Lagerhäuser. Dieser Schuß, von Oswald abgegeben, war nicht tödlich. Und nun passierte etwas, was die ganze Bandbreite der Verschwörung aufzeigte: Der Fahrer in Kennedys Wagen drehte sich um und schoß Kennedy in den Kopf. John Lear der jetzige Besitzer von Lear Aircraft und einstmals beste Pilot der US-Air-Force fand drei Originalfilme, die er computeranalysieren und auf ihre Echtheit überprüfen ließ.
In den Filmen, die in den meisten Ländern ausgestrahlt wurden, wurde jeweils der Fahrer ausgeblendet; auf dem Originalfilm sieht man jedoch, wenn man weiß, wohin man schauen muß, daß der Fahrer sich mit einer Waffe in der Hand umdrehte, schoß, und daß Kennedys Hinterkopf platzte.

Am 21. November 1993 wurde im Deutschen Fernsehen in der Sendung „Spiegel-TV" und fast zeitgleich auch im RTL der Attentatsfilm gesendet, wobei in „Spiegel-TV" versucht wurde, dem Zuschauer die CIA-Beteiligung auszureden, während RTL genau das Gegenteil suggerierte. Die Kugel, die Kennedys Tod herbeiführte, war ein speziell vom CIA entwickeltes Geschoß, das erst beim Eindringen in den Körper explodierte. Durch die Computeranalyse wurden die Waffe und ihre Entwicklung durch die CIA bestätigt.
John Lear und William Cooper, der vorher beim Geheimdienst der Navy arbeitete und Autor des Buches *Behold a Pale Horse* (*Die apokalyptischen Reiter*, Edition Pandora, ISBN 3-89539-285, Peiting) ist, sind im Besitz des Orginalfilms (die deutschen Rechte an dem Video liegen ebenfalls bei der Edition Pandora, ISBN 3-89539-274-X, siehe Anhang). Aufgrund seiner mutigen Veröffentlichungen wurden drei Anschläge auf William Cooper verübt. Bei einem dieser Attentate 1973 verlor er sein rechtes Bein. Heute halten er und John Lear Vorträge in den Staaten.
Die Zeugen der Kennedy-Verschwörung starben bald nach dem Attentat; entweder wurden sie umgebracht oder schnell wachsender (injizierter?) Krebs setzte ihrem Leben ein Ende. Der Fahrer, der auf Kennedy schoß, starb drei Wochen später.
Die offizielle Geschichte des Kennedy-Attentats nach Angaben der *Warren-Comissio,* die bereits neun Stunden nach dem Attentat in Dallas in sämtlichen Zeitungen der USA veröffentlicht wurde, beschuldigte Lee Harvey Oswald als Einzeltäter. Daß nach der Bekanntgabe des Attentats (wie von einem CIA-Mitglied, der auch bei der Schweinebucht-Operation mitgearbeitet hatte, berichtet

wurde) die ganze CIA-Abteilung applaudierte und andere Einzelheiten mehr – all diese Informationen, die von einem *Spezialkomitee für Attentate* aufgedeckt wurden, stehen nach US-Sicherheitsrecht des Archivs bis 2029 unter Verschluß. Nach den Anhörungen vor dem Spezialkomitee wurde dem CIA untersagt, innerhalb der USA verdeckte Operationen durchzuführen.

Robert G. Kennedy, Johns Bruder, stand durch gutes Abschneiden bei den Vorwahlen kurz davor, die Präsidentschaftswahl zu gewinnen. Am 5. Juni 1968 mußte auch er sterben. Diesmal hieß der „Einzeltäter" Sirhan Sirhan und stand unter dem Einfluß einer vom CIA entwickelten Droge. Die zweite Kugel, die in Robert Kennedys Kopf gefunden wurde, stammte von Howard Hughs, einem Leibwächter. Die Aussage des Untersuchungsrichters besagte, daß die Waffe 5-8 cm von Kennedys Kopf entfernt abgedrückt wurde, Sirhans Waffe aber nicht weiter als 30 cm an Kennedy herankam. Auch dies blieb der Öffentlichkeit verborgen.
Aufgezeichnet wurden diese Aspekte jedoch in den *CFR*- sowie den *Skull & Bones*-Veröffentlichungen. Die genauen Einzelheiten mit Namen und allen Fakten finden sie in William Coopers Buch „*Die Apokalyptischen Reiter*" (Edition Pandora).

Georg Soros – ein Mann von Rothschilds Gnaden?

George Soros ist sicher einer der schillerndsten Zeitgenossen. Sein Werdegang liest sich wie die Anleitung zum „Self-made-Millionär". Ist er einer der vom Glück auserwählten, denen auf Anhieb alles gelingt? Oder ist er vielleicht überdurchschnittlich begabt und intelligent? Oder kennt er lediglich die „richtigen" Leute, knüpft immer nur nutzbringende Kontakte? War er vielleicht einfach immer nur zur richtigen Zeit am richtigen Ort?

Wahrscheinlich trifft ein bißchen von allem zu. Sehen wir uns einmal den Lebenslauf dieses bemerkenswerten Mannes an: 1930 wurde er als Sohn jüdischer Eltern in Budapest geboren. Als Teenager wurde er von den Nazis aus Budapest vertrieben und gelangte nach England, wo er die „London School of Economics" absolvierte. Danach kam er Mitte der fünfziger Jahre in die USA, wo ihn die Wall Streeet magnetisch anzog. Bis 1969 verliefen sein Leben und seine Karriere in vergleichsweise unauffälligen Bahnen. Dann kam die Wende: Mit einem Partner zusammen übernahm er einen Vermögensfond. Sie verkauften Aktien, die sie bis dato noch gar nicht besaßen, in der Hoffnung, deren Kurse würden bis zum Stichtag fallen und und sie könnten sie dann billiger als zu ihrem Verkaufskurs einkaufen.

Daraus entstand die heutige *Quantum-Gruppe*, ein Konglomerat von Anlagefonds, die ihren Sitz auf den niederländischen Antillen haben und von dort aus weltweit operieren. *Quantum* zählt zu den erfolgreichsten „Investment-Maschinen" der Welt. In den insge-

samt 25 Jahren seit ihrem Bestehen machte sie mehrfach „offizielle“ Gewinne von 50 %, zweimal sogar über 100%.
George Soros hat inzwischen die Leitung dieser Gruppe einem Management übergeben und plant und steuert nur noch die „großen Schachzüge“. Auch hat er ein Buch herausgegeben: *The Alchimy of Finance*, in dem er schreibt, *„was die Finanzspekulanten glauben, sei wichtiger als die realen ökonomischen Tatsachen.“*
Das angesehene Wirtschaftmagazin „Forbes“ veröffentlichte eine Rangliste der bestbezahlten Manager und Finanziers; dabei lag Soros unangefochten an der Spitze. 1994 verdiente Soros 550 Millionen US-Dollar im Jahr, das Zwanzigfache eines Disney-Chefs. Wenn Soros sich aufmacht und mit seiner geballten finanziellen Kraft loslegt, fangen die internationalen Geldmärkte zu vibrieren an, und die Notenbanken bekommen das Zittern. Im September 1993 war es ihm gelungen, die *Bank of England* in die Bredouille zu bringen. Er baute darauf, daß die Bank das Pfund aus den europäischen Wechselkursmechanismen herausnehmen und das unter Druck geratene Pfund abwerten müßte. Dafür setzte er 10 Milliarden Dollar seiner Finanzgruppe ein – mit Erfolg. Für ihn war es ein Gewinn von einer Milliarde Dollar, für die jetzt die englischen Steuerzahler geradestehen müssen.
Statt im Abgeschiedenen zu arbeiten, begibt sich Sorbos selbst immer wieder ins Rampenlicht der öffentlichen Aufmerksamkeit und genießt den Ruf, die größten Finanzmärkte dieser Welt beeinflußen zu können. Dies ist ein unter Anlegern äußerst unübliches Verhalten, denn diese Leute legen in aller Regel Wert darauf, kaum wahrnehmbar zu jonglieren und die Situationen auszunutzen, bevor die Konkurrenz Wind davon bekommt.

Soros Aktivitäten wurden im März 1993 bemerkbar, als er das baldige Ansteigen der Goldmarktpreise vorhersagte. Es ist anzunehmen, daß dies beträchtliche Zukäufe bei Edelmetallen auslöste und daß deren Preise um nochmals 20 % gegenüber dem Höchststand im Golfkrieg anzogen. Anfang 1994 tat Soros gegenüber dem Finanzdirektor der Londoner „Times“, Anatole Kaletsky, kund, daß er die Finanzmärkte zu größeren Verkäufen von Staatsanleihen zugunsten französischer Wertpapiere veranlassen möchte. „Im Klartext: Nieder mit der D-Markt und Angriff auf die Bundesbank!“

Wozu macht Soros nun so etwas? Mehrere Zeitungen in verschiedenen Ländern loben Soros als eine Art „Robin Hood“ des Computerzeitalters, da er den reichen westlichen Ländern durch Spekulationen im großen Stil abnimmt, was er anschließend Osteuropa und Rußland über mehrere seiner Stiftungen zukommen läßt. Somit hilft er dem Anschein nach den „armen“, vom Kommunismus ausgelaugten Ländern, um der „Demokratie“ den Weg zu bereiten.

Kann man diesem Bild, das die Medien von ihm vermitteln, auch wirklich trauen? Wer und wie ist dieser Mensch denn nun wirklich?

William Engdahl weiß über ihn: *“Soros spekuliert auf den Weltfinanzmärkten mit seiner geheimen Offshore-Firma „Quantum Fund NV“, einem privaten „Investment Fond“, der für eine Reihe von „Klienten“ ein Vermögen von 4-7 Milliarden Dollars „verwaltet“. Der Quantumfund ist in der Steueroase Niederländische Antillen in der Karibik registriert. Um sich der Aufsicht der US-Behörden über sein Finanzgebaren zu entziehen, berief George Soros keinen einzigen amerikanischen Staatsbürger in den*

Aufsichtsrat seines Quantum Fund. Seine Direktoren sind eine seltsame Mischung von Finanzleuten aus der Schweiz und Italien ...“

Laut Jan (van Helsing) hat man Soros als Strohmann der anglo-französischen Bankengruppe Rothschild ausgemacht. Verständlicherweise liegt es sowohl in Soros’ als auch in Rotschilds Interesse, diese wichtige Tatsache vor der Öffentlichkeit zu verbergen. Genauso, wie seine engen Verbindungen zu seinen Freunden in der Londoner „City“, dem britischen Außenministerium, dem israelischen Staat sowie auch seinen mächtigen Freunden im US-Establishment verschleiert werden.

Engdahl schreibt weiter: *„Bei den Vorstandsmitgliedern der Quantum Fund findet sich u. a. Richard Katz darunter. Katz ist gleichzeitig Chef der „Rothschild Italia S. p. A.“ in Mailand und sitzt im Aufsichtsrat der Londoner Handelsbank „N. M. Rothschild & Sons“. Ein weiteres Vorstandsmitglied ist Nils O. Taube. Taube ist der Partner einer Londoner Investment-Gruppe Namens „St. James Place Kapital“, die Lord Rothschild zu ihren Hauptpartnern zählt. Ein häufiger Partner Soros bei verschiedenen Spekulationsgeschäften, speziell beim Hochtreiben des Goldpreises, ist Sir James Goldsmith – ein Verwandter der Rothschild-Dynastie. Andere Mitglieder im Vorstand von Quantum Fund sind die Chefs einiger höchst „diskreter“ Schweizer Privatbanken (dienen den Syndikaten des organisierten Verbrechens – Waffen und Drogen – zur Geldwäsche.) Weitere Mitglieder sind: Edgar D. de Picciotto, Chef der Genfer Privatbank „CBI-TDB Union Bancaire Privée“, ein Hauptakteur auf den Gold- und Investmentmärkten; Isodoro Albertini, Chef der Mailänder Börsenmaklerfirma „Albertini & Co.“; Beat Notz von der Genfer Privatbank*

“Banque Worms“; Alberto Foglia, Chef der Luganer Bank „Banco del Ceresio“. Im Zusammenhang mit den politischen Korruptionsskandalen in Italien kam kürzlich heraus, daß mehrere italienische Politiker ihre Bestechungsgelder in der Banca del Ceresio aufbewahrt hatten. Offensichtlich hatte Soros beim Angriff auf die Lira im September 1994 nicht nur Insiderwissen über die wunden Punkte der italienischen Politik.

William Engdahl erklärt weiter: *“George Soros’ Verbindung zu den ultrageheimen internationalen Finanzkreisen der Rothschilds ist keine gewöhnliche oder zufällige Bankenverbindung. Soros’ außergewöhnlicher Erfolg als Spekulant auf den hochriskanten Finanzmärkten läßt sich nicht mit simplem „Spielerglück“ erklären. Soros hat Zugang zur „Insiderspur“, einem der wichtigsten staatlichen und privaten Informationskanäle der Welt.*

Seit dem II. Weltkrieg ist die legendäre Finanzfamilie Rothschild bemüht, in der Öffentlichkeit eine Aura der Bedeutungslosigkeit um sich zu verbreiten. Doch dahinter verbirgt sich eine der mächtigsten und undurchsichtigsten Finanzgruppen der Welt. Die Rothschilds gaben viel Geld aus, um von sich das Bild einer wohlhabenden, aber zurückgezogen lebenden Adelsfamilie zu kultivieren, wo der eine französische Weine liebt, der andere sich in Wohltätigkeitsvereinen engagiert.

Unter den Kennern der Londoner City gilt „N. M. Rothschild“ als eine der einflußreichsten Personen jener Fraktionen des britischen Geheimdienstestablishments, die mit dem neoliberalistischen Thatcher-Flügel der Tory-Partei zusammenhängt. In den 80er Jahren verdiente „N. M. Rothschilds & Sons“ riesige Summen mit der Privatisierung der britischen Staatsunternehmungen im Wert von mehreren Milliarden von Dollar, die sie für Frau

Thatcher durchführten. Des weiteren steht die Rothschild-Bank im Zentrum des Weltgoldhandels: In dieser Bank wird zweimal täglich von den fünf einflußreichsten Goldhandelsbanken der Goldpreis fixiert.
*Aber „N. M. Rothschild & Sons" ist auch in einige sehr schmutzige Geheimdienstoperationen verwickelt, bei denen es um „Drogen gegen Waffen" geht. Wegen ihrer guten Verbindungen zu höchsten Stellen des britischen Geheimdienstestablishment gelang es den Rothschilds, jegliche Erwähnung ihrer Komplizenschaft in einem der übelsten, illegalen Geheimdienstnetze, nämlich dem der BCCI (Bask of Credit and Commerce International) zu verhindern. In Wirklichkeit gehörte die Rothschild Bank zum innersten Kreis jenes Geflechts internationaler Geldwäschebanken von CIA und MI6, über die in den 70er und 80er Jahren CIA-Projekte wie die „Contras" in Nicaragua finanziert wurden".*20*
Ein weiterer Kommentar, der von dem äußerst einflußreichen Vorsitzenden des Bankenausschußes im US-Repräsentantenhaus, Henry Gonzales, abgegeben wurde, verdeutlicht die Rolle der BCCI. Gonzales kritisierte die US-Regierungen unter Bush und Reagan, da diese sich systematisch geweigert hätten, die BCCI strafrechtlich zu verfolgen. Zudem habe das Justizministerium sich wiederholt dagegen gesperrt, sich bei den Ermittlungen des Kongresses über den BCCI-Skandal und den damit zusammenhängenden Nachforschungen über den Skandal der *Banco Nazionale del Lavoro* (BNL) zur Zusammenarbeit bereit zu erklären. Diese hatte Milliarden-Dollar-Gewinne aus den Krediten gezogen, die Bush der irakischen Regierung kurz vor dem Golfkrieg gewährt hatte. Gonzales sagte wörtlich, daß die Regierung Bush ein Justizministerium gehabt habe, *„von dem ich behaupte, daß es das korrup-*

teste, das unglaublich korrupteste Justizministerium war, das ich in den 32 Jahren meiner Zeit als Kongreßabgeordneter erlebt habe.“ Nachdem die BCCI sogar in den Medien öffentlich der Überschreitung verschiedener Gesetze beschuldigt worden war, kündigte der New Yorker Staatsanwalt Henry Morgenthau eine Öffentliche Anklage gegen die Bank an. Morgenthau beschuldigte die BCCI *„des größten Bankbetruges der Weltgeschichte der Finanzen. Die BCCI arbeitete während ihrer 19-jährigen Geschichte als korrupte kriminelle Vereinigung.“*

Der saudiarabische Scheich Kamal Adham war einer der Direktoren des BCCI; vorher war er der Chef des saudiarabischen Geheimdienstes während Bushs Zeit als Leiter des CIA gewesen.

Die entscheidende Person bei all diesen Geschäften war Dr. Alfred Hartmann, der geschäftsführende Leiter der schweizerischen Filiale der BCCI (*Banque de Commerce et de Placement SA*), Chef der *Züricher Bank AG* und Londoner Vorstandsmitglied von *N. M. Rothschild & Sons*. Außerdem saß Hartmann noch im Vorstand der schweizerischen Filiale der italienischen *BNL-Bank* und war stellvertretender Vorsitzender der Genfer *N. Y. Inter Maritime Bank*. Bislang gab keine einzige westliche Zeitung die Tatsache bekannt, daß die mit George Soros verbundene Rothschild-Gruppe im Mittelpunkt des riesigen illegalen Geflechts der BCCI stand.

Ein mit dem Fall „George Soros“ betrauter ehemaliger Geheimdienstmitarbeiter, der mit den Geschäftspraktiken von Soros vertraut war, enthüllte, daß Soros ein Vermögen von über 10 Milliarden Dollar angehäuft hatte. Dieses Vermögen, das mit der Mithilfe einer mächtigen Gruppe „stiller Teilhaber“ entstand, soll als Hebel gegen die europäischen Währungen eingesetzt werden können. Zu diesen Teilhabern gehören der Metall- und Ölhändler Marc Rich und der israelische Waffenhändler Saul Eisenberg. Eisenberg ist seit Jahrzehnten für den israelischen Geheimdienst tätig und betreibt mit seinen Waffen einen regen Handel in ganz Asien und im vorderen Orient. Ein weiterer Soros-Partner ist Rafi Eytan, der früher in London als Verbindungsmann des israelischen Geheimdienstes (Mossad) tätig war.

George Soros steht inmitten all dieser Machenschaften, doch wer gab ihm die Macht und die Möglichkeit dazu? Soros ist kein Einzelkäpfer, sondern vielmehr Instrument der Rothschild zum Zwekke ihrer wirtschaftlichen und politischen Machtergreifung.

Soros, der nach Aussagen seiner Mitarbeiter ein *„unglaubliches Ego“* hat, war maßgeblich an der Kampagne beteiligt, die mit Blick auf das wiedervereinigte Deutschland von einem „vierten Reich“ sprach. 1991 warnte George Soros in seiner Autobiographie „*Underwriting Democracy*“ vor der Gefahr, ein wiedervereinigtes Deutschland könnte *„das (Macht-) Gleichgewicht in Europa stören ... Es ist unschwer zu sehen, wie die Verhältnisse zwischen den Kriegen wieder auftreten könnten. Ein wiedervereinigtes Deutschland wird zur stärksten Wirtschaftsmacht und entwikkelt Osteuropa zu seinem Lebensraum ... ein furchtbarer Hexentrank.“*

(Diese Stelle sollte man ruhig dreimal lesen, insbesondere, um sich daran zu erinnern, wenn es dann später in diesem Buch um das Herrhausen-Attentat geht).

Soros steht den Kreisen aus Geheimdienst und Finanzwesen um George Bush sehr nahe, da er durch seine Publicity im Finanzmarkt zahlreiche Kontakte hat. Die größte Bank der USA, die *Citicorp* ist Soros wichtigste Depotbank und war Hauptgeldgeber

beim Ansturm auf das europäische Währungssystem im September 1993. Als sich 1989 die deutsche Wiedervereinigung abzuzeichnen begann, sagte ein hochrangiger *Citicorp*-Manager, der früher Dukakis' Berater beim Präsidentschaftswahlkampf war: *„Die deutsche Einheit wird für unsere Interessen zur Katastrophe. Wir müssen Maßnahmen ergreifen, um einen Verfall der DM um ca. 30 % sicherzustellen, damit Deutschland es nicht schafft, Ostdeutschland zum Wirtschaftsfaktor eines neuen Europas aufzubauen."*
(Diese Stelle kann man durchaus dreimal lesen.)
George Soros ist nach außen hin ein sozial engagierter Mensch; so bezuschußte er eine ganze Menge von sozialen Projekten, auch „Friedenskonzerte" mit *Joan Baez,* und er vergab Stipendien für junge Osteuropäer in Oxford und vieles anderes mehr ...
Die finanziellen und wirtschaftlichen Fakten, die er schafft, stehen jedoch auf einem ganz anderen – weit weniger sozialen – Blatt. Soros ist persönlich verantwortlich für die wirtschaftlichen Erschütterungen, die sich in Osteuropa nach 1989 abzuzeichnen begannen. Soros hat den osteuropäischen Regierungen geradezu drakonische Wirtschaftsmaßnahmen aufgedrängt, dadurch konnte er viele der heruntergewirtschafteten Ressourcen zu wahrhaften Spottpreisen übernehmen.
In Polen wurde beispielsweise das große Stahlwerk „Huta Warsawa" für 30 Millionen Dollar an die Mailänder Firma Lucchini verkauft, nachdem die polnische Regierung die Schulden des Stahlwerks ausgeglichen hatte. Nach Meinung von Stahlexperten liegt der Wert des Werkes bei ca. 3-4 Milliarden Dollar.
Nach Soros' eigenen Darstellungen hat er mit Walesas Hauptberatern Bronislaw Geremek, General Jaruzelski und Professor Trze-

ciakowski zusammengearbeitet (oder tut dies noch). Professor Trzeciakowski ist ein Berater des neuen polnischen Finanz- und Wirtschaftsministers, Leszec Balcerowicz. Auch gibt Soros zu, schon von Anfang an gewußt zu haben, daß seine wirtschaftliche „Einmischung“ in Polen eine Krise mit hoher Arbeitslosigkeit, der Schließung von Fabriken und, daraus resultierend, sozialen Spannungen auslösen würde. Durch seine Stiftungen erreichte er auch die wichtigsten Meinungsmacher in den Medien wie Adam Michnik. Soros' Zusammenarbeit mit der US-Botschaft in Warschau gab ihm die Möglichkeit, die Medien so zu beeinflußen, daß seine „Einmischung“ positiv abgehandelt wurde und Kritik daran keine Verbreitung fand.
Soros' Aktivitäten zogen aber noch weitere Kreise, so zum Beispiel in der ehemaligen Sowjetunion. George Soros hatte seit dem Ende der 80er Jahre mit Raissa Gorbatschowa zusammengearbeitet und eine weitere Stiftung, nämlich die *Cultural Initiative Foundation* gegründet. Also wieder einmal ein Apparat, über den er und seine westlichen Freunde sich ein Standbein verschafften, um dadurch auf politische und wirtschaftliche Persönlichkeiten eines Landes Einfluß nehmen zu können. Gorbatschow selbst ließ sich auf dergleichen allerdings nicht ein, und so wechselte Soros nach 1991 in den Wirkungsbereich von Jelzin über. Zusammen mit Jeffrey Sachs griff er massiv in die Wirschaftsbelange des Landes ein und erreichte damit nach dem Januar 1992 ein beispielloses Durcheinander und eine Hyperinflation in Rußland, in deren Folge die fortschrittlichsten Wissenschaftler samt ihren Instituten in den Westen überwechselten. Unter dem Soros-Plan verhängten Igor Gajdor und Jelzins Regierung über Industrie und Landwirtschaft drastische Subventionskürzungen, obwohl die ganze Wirtschaft

seit Jahrzehnten am staatlichen Tropf hing. Als Ziel wurde eine Auflösung des Haushaltsdefizites innerhalb von 3 Monaten angegeben. Von heute auf morgen gab es keine Kredite mehr für die Industrie, die Unternehmen häuften immense Schulden an, und der Rubel verfiel schneller, als man damit einkaufen konnte.
Soros und seine Freunde schlugen sofort Kapital aus dieser Gelegenheit zum Ausverkauf. Marc Rich, der wahrscheinlich größte Aluminiumhändler der Welt, konnte nunmehr in großem Stil russisches Aluminium zu Spottpreisen aufkaufen, das er dann 1993 auf den westlichen Industriemarkt warf und damit den Verfall des Aluminiumpreises um 30 % verursachte – um nur eine der Folgen von Soros' Methoden des „schnellen Umverteilens" aufzuzeigen.
In Ungarn wurden Soros anfangs mehr Steine in den Weg gelegt. Der Parlamentarier Istvan Csurka versuchte, sich gegen die Zerstörung der ungarischen Wirtschaft durch Soros und seine Gefolgsmänner zu stellen. Er wurde nach seinen Bemühungen als „Antisemit" gebrandmarkt und im Juni aus dem regierenden Demokratischen Forum ausgeschlossen.

In Jugoslawien legte Soros Anfang 1990 in Zusammenarbeit mit dem IWF die Falle aus. Soros ist auch mit dem damaligen stellvertretenden Außenminister Lord Eagleburger, früher Botschafter in Belgrad und Gönner von Slobodan Milosevic, freundschaftlich verbunden. Lord Eagleburger ist zudem ehemaliger Vorsitzender der „Kissinger Associaties", in deren Aufsichtsrat auch Lord Carrington, Mitglied im Komitee der 300, sitzt. Eagleburgers Vermittlungen im Balkan haben dazu beigetragen, daß die serbische Aggression gegen Bosnien und Kroatien nicht zum Erliegen kam.

Heute unterhält Soros Stiftungen in Serbien, Kroatien und Slowenien und dazu eine „Jugoslawische Soros-Stiftung" in Belgrad, Serbien. In Kroatien setzt er die Gelder seiner Stiftung dazu ein, um einflußreiche Journalisten anzuwerben oder Gegner seiner Maßnahmen als „Antisemiten" oder ähnliches darzustellen.

Die internationalen Verstrickungen, die offenbar stets dazu benützt werden können, um ein Land auszubeuten und mißliebige Kritiker mundtot zu machen, haben George Soros bislang kräftig profitieren lassen, wobei seine Verdienste stets von den Menschen der betroffenen Länder wieder hereingearbeitet werden müssen. Wenn es Soros immer wieder gelingt, in ohnehin schon wirtschaftlich ausgebluteten Ländern seinen Saugrüssel anzusetzen, so geschieht dies nicht selten unter dem Deckmäntelchen der wirtschaftlichen Reformen.

Kann man ihn unter diesen Aspekten noch als einen Glücksritter bezeichnen, oder liegt nicht vielmehr der Verdacht nahe, daß er überall Helfershelfer hat, die mit ihm gemeinsame Sache machen? Daß er somit einer der wirklich großen Drahtzieher im weltweiten Poker um Macht und Einfluß ist?

Man muß heutzutage wie ein Held denken, um wenigstens wie ein halbwegs anständiger Mensch zu leben.

(aus dem Roman *Das Rußlandhaus* von John leCarré)

Über rasche Selbstmorde in Deutschland

In diesem Buch wird hin und wieder von Selbstmord gesprochen, aus juristischen Gründen verzichten wir auf das Setzten von Anführungszeichen vor dem Wortteil Selbst, wir schreiben also nicht „Selbst“mord, denn damit könnte angedeutet werden, wir teilten den zum Teil erheblichen Zweifel an der offiziellen Darstellung.
Bei welchen Selbstmorden bestehen denn immer noch zum Teil erhebliche Zweifel?
Nun, zum Beispiel bei dem über“raschen“den Tod von Ulrike Meinhof, bei den über“raschen“den Toden von Baader, Ensslin und Raspe, bei dem über“raschen“den Tod Barschels, bei den über“raschen“den Toden von Petra Kelly und Gerd Bastian, bei den über“raschen“den Toden des Journalistenehepaars Gaul, bei dem über“raschenden“ Tod des Rechtsextremisten Lembke, der einige Tage, nachdem man ein riesiges Waffenlager ausgehoben hatte, welches die gefügige Presse ihm zuschrieb, verstarb (Gladiator läßt grüßen? - siehe: Die Macht II).
Die Liste der über“raschen“den Tode, die alle seltsamerweise Selbstmorde gewesen sind, ist lang, und je länger man darüber nachdenkt, desto länger wird sie. Man muß nicht mal bis zu den „Selbst“morden der Gestapo und der SS zurückdenken. Tja, und dann gibt es da noch Verkehrsunfälle, wie die eines Journalisten, der Barschel-Unterlagen hatte – und dann auch noch die Attentate der sogenannten RAF, wie die auf Herrhausen und Rohwedder, und natürlich die plötzlichen Tode, die dann mit Herzversagen diagnostiziert wurden und und und ...
Nun, wir verzichten also auf die Bekanntgabe von solchen Todesursachen, auch wenn erhebliche Bedenken in Teilen der Bevölke-

rung vorhanden sind, und schreiben einfach mal so, als wäre alles mit rechten Dingen zugegangen. Man stelle sich einmal vor, es gäbe Kräfte, die sich darüber ärgern würden, Kräfte, die etwas zu sagen hätten in unserer Republik ... Und angenommen, es gäbe dann da noch einen willigen Staatsanwalt und einen Richter, der leider nicht anders kann – menschlich vielleicht ja ganz nett, aber ihm sind ja die Hände gebunden –, und angenommen, die Rechtsprechung und Gesetzgebung in Deutschland würde dies zulassen: dann könnte es glatt passieren, daß dieses Buch wegen zweier „..." verboten wird.

„Ja sag mal, glaubst Du denn, wir leben in einer Bananenrepublik?" Ich höre sie schon, meine wohlmeinenden Freunde, wie sie mir diese Fragen stellen. Und ich werde sagen: „natürlich nicht"; denken werde ich aber: Wer regiert hier wen, und wer reagiert die „Bananerepubliken"? Und dann werde ich an die leeren Aldiregale denken nach dem Anschluß der ehemaligen DDR. Und an die Geschichte, als wir EDV-Anlagen vom Westen in den Osten gebracht haben, und der Fahrer uns nicht kannte und uns wohl für Ossis hielt und uns, als wir beim Abladen halfen, eine Banane schenkte. „Extra für euch", sagte er, und er freute sich, daß er uns so was tolles mitgebracht hatte. Ein aufmerksamer Fahrer, einer der Zeitung las und Nachrichten angeschaut hatte, der wußte, was den Menschen hier im Osten fehlte.

Ja, an die Geschichte werde ich denken, und ich werde schmunzeln, wenn ich sage „natürlich nicht". Und ich werde denken: Schade! Für dich, mein Freund, habe ich dieses Buch leider nicht geschrieben; für dich mein Freund, hätte ich keine Ängste ausstehen müssen. Schade, an *dich* hatte ich aber eigentlich gedacht, als ich mich ans Schreiben machte; gerade *dich* wollte ich erreichen, *dir* wollte ich etwas sagen, *dich* hätte ich gebraucht für die Fortsetzung dieses Kampfes. Weißt Du noch, wir wir vor Jahren an die Unterführung den Spruch sprühten „wir sterben nicht in Kämpfen, die wir verlieren, sondern an Kämpfen, die wir nicht führen"? Erinnerst Du dich noch? Und jetzt muß ich dir sagen „natürlich nicht". Schade.

Über den Tod einer Genossin ...

... kann und darf man nicht viel sagen. Aha, jetzt outet der Autor sich selber! Jetzt haben wir ihn in der Ecke, wo wir ihn haben wollten: RAF-Sympathisant und so .... Leider wieder mal falsch! Leider wieder zu kurz gedacht. Wer oder was die RAF war und ist, darüber wird in den späteren Kapitel noch spekuliert werden. Da gibt es keinerlei Symphatien. Aber eine Ulrike Meinhof war eine glaubwürdige Linke und eine Utopistin. Eine Genossin, über deren Tod zu wenige Fakten bekannt, aber umso mehr Spekulationen im Umlauf sind. Hier wird nicht der Versuch unternommen werden, eine Politik zu erklären oder zu rechtfertigen. Das nachfolgende Kapitel hat sich lediglich zur Aufgabe gemacht, etwas über den Tod und die offenen Fragen dazu bzw. die Rolle der Staatsorgane aufzuzeigen. Mal sehen ob das nach all den Jahren möglich ist!

Auszüge aus dem Bericht der Internationalen Untersuchungskommission

Inhalt

Erklärung der Internationalen Untersuchungskommission zum Tode Ulrike Meinhofs

Die Kommission hat am Schluß ihrer Arbeit den nachstehenden vom Sekretariat (der Internationalen Untersuchungskommission) vorgelegten Bericht zur Kenntnis genommen.
Ohne sich jede einzelne Formulierung zu eigen zu machen, betont die Kommission gleichwohl, daß hier durch das Zusammenwirken qualifizierter Gutachter eine solide Arbeit entstanden ist. Sie verdient Beachtung und sollte weit verbreitet werden.

Die Kommission stellt zusammenfassend fest, auf welche Inhalte sich die Einigkeit der Mitglieder gründet:
- Ulrike Meinhof war mehrere Male und über lange Zeiträume Haftbedingungen unterworfen, die man gezwungen ist, als Folter zu bezeichnen. Es handelt sich um jene Art von Folter, die man soziale Isolation und sensorische Deprivation nennt. Ihr werden in der BRD üblicherweise zahlreiche politische und auch andere Strafgefangene unterworfen.
- Die Behauptung der staatlichen Behörden, Ulrike Meinhof habe sich durch Erhängen selbst getotet, ist nicht bewiesen, und die Ergebnisse der Untersuchungen der Kommission legen den Schluß nahe, daß sich Ulrike Meinhof nicht selber erhängen konnte.
- Die Ergebnisse der Untersuchungen legen vielmehr den Schluß nahe, daß Ulrike Meinhof tot war, als man sie aufhängte, und daß es beunruhigende Indizien gibt, die auf das Eingreifen eines Dritten im Zusammenhang mit diesem Tode hinweisen.

Die Kommission kann keine sichere Aussage über die Todesumstände von Ulrike Meinhof machen. Trotzdem ist jeder

Verdacht gerechtfertigt angesichts der Tatsache, daß die Geheimdienste – neben dem Gefängnispersonal – Zugang hatten zu den Zellen des 7. Stocks, und zwar durch einen getrennten und geheimen Eingang.

Angesichts der hier vorgestellten Untersuchungsergebnisse der Kommission erweist es sich als dringend notwendig, daß eine internationale Untersuchungskommission gebildet wird, die die Todesfälle von Stammheim und Stadelheim untersucht.

Paris, den 15. Dezember 1978

Michelle Beauvillard, Rechtsanwältin, Paris.
Claude Bourdet, Journalist, Paris.
Georges Casalis, Theologe, Paris.
Robert Davezies, Journalist, Paris.
Joachim Israel, Professor der Soziologie, Kopenhagen.
Panayotis Kanelakis, Rechtsanwalt, Athen.
Henrik Kaufholz, Journalist, Aarhus (Dänemark).
John McGuffin, Schriftsteller, Belfast.
Hans Joachim Meyer, Neuropsychiater, Mayen (BRD).
Jean-Pierre Vigier, Physiker, Paris.

Vorwort

Als am 9.5.76 bekanntgegeben wurde, daß Ulrike Meinhof Selbstmord begangen habe, wurden sofort Zweifel an dieser – von den Behörden und der Presse verbreiteten – Version laut.
Vor allem die Anwälte und die Schwester von Ulrike Meinhof erklärten, daß sie es aufgrund ihrer Kenntnis der Person und der politischen Identität von Ulrike Meinhof für ausgeschlossen hielten, daß sie Selbstmord verübt habe.
Rechtsanwalt Oberwinder erklärte auf der Pressekonferenz der Anwälte vom 9.5.76: »Ich selber habe am vergangenen Mittwoch ... mit Freu Meinhof ... diskutiert über die Anträge. Es gab nicht das geringste Anzeichen von Desinteresse; es hat eine scharfe Diskussion gegeben, wo Frau Meinhof den Standpunkt der Gruppe dargelegt hat ...«

...

Rechtsanwalt Schily (inzwischen MdB für die SPD) äußerte seine Empörung darüber, daß sowohl Klaus Croissant, als dem Testamentsvollstrecker von Ulrike Meinhof, als auch den Gefangenen verwehrt wurde, die Leiche zu sehen. Er stellte weiter folgende Fragen: »Warum wurde kein Arzt des Vertrauens der Schwester zur Obduktion zugezogen? Warum die verdächtige Eile bei der Obduktion? Alles Fragezeichen, die Veranlassung geben sollten ..., der Sache weiter nachzugehen und sich nicht damit zu begnügen, daß hier eine solche Version der Selbsttötung ausgegeben wird.«
Er erhob die Forderung nach Einsetzung einer unabhängigen internationalen Untersuchungskommission.

...

Es trafen viele Antworten ein, die durchweg positiv waren und auf eine breite Einsicht in die Notwendigkeit einer unabhängigen Untersuchung des Todes von Ulrike Meinhof hindeuteten.
Als die ersten offiziellen Obduktionsergebnisse die Öffentlichkeit erreichten, konkretisierten sich die Widersprüche in der Selbstmordthese der Behörden. Im August erschien in der englischen Zeitung »The Observer« ein Artikel, der die Frage aufwarf, ob Ulrike Meinhof vergewaltigt und erwürgt wurde und der eine Reihe von Unklarheiten und Ungereimtheiten auflistet.
Am 26.8.76 wurde dann auf einer Pressekonferenz des internationalen Komitees zur Verteidigung politischer Gefangener in Westeuropa (IVK) die Bildung einer internationalen Untersuchungskommission (IUK) angekündigt.

...

Innerhalb der Kommission wurden drei Arbeitsgruppen gebildet: eine zu den psychologischen (zu den Haftbedingungen), eine zu den medizinischen und eine zu den kriminologischen Problemen.

...

Die Arbeit der Kommission konnte nicht – wie vorgesehen – im Jahre 1977 abgeschlossen werden. Die Arbeitsüberlastung ihrer Mitglieder hat dazu beigetragen. Aber auch die Behinderung und Boykottierung ihrer Arbeit durch die bundesdeutschen Behörden hat an dieser Verzögerung mitgewirkt.

- So wurde Rechtsanwalt Croissant zum ersten Arbeitstreffen der Kommission in Amsterdam eingeladen. Bedauerlicherweise konnte er nicht teilnehmen, da ihm die Ausreise aus der Bundesrepublik Deutschland verweigert wurde.
- Die Kommission hatte Besuchsanträge für Gefangene in Stuttgart-Stammheim gestellt. Die Anträge wurden abgelehnt.

- Die Gefangenen Andreas Baader, Gudrun Ensslin und Jan-Carl Raspe legten der Kommission schriftliche Berichte vor. Ihre Anhörung vor der Kommission war vorgesehen. Bevor es dazu kommen konnte, waren auch sie tot.
- Die Staatsanwaltschaft hat abgelehnt, der Kommission die Abschlußberichte zur Verfügung zu stellen.
- Die Kommission hat eine Vielzahl von Personen angeschrieben und gebeten, als Zeugen aufzutreten. Die Kommission hat lediglich ablehnende Antworten erhalten – zum Teil, weil die staatlichen Behörden eine Aussagegenehmigung verweigerten. (s. Anhang I)

Trotz dieser Schwierigkeiten ist es der Kommission gelungen, präzise Ergebnisse zu erzielen.

Die Todesfälle in Stammheim und Stadelheim im Herbst 1977 haben die Kommission zu einer Reaktion veranlaßt – vor allem weil es zu dieser Zeit der Kommission klar war, daß sich Ulrike Meinhof nicht – wie die bundesdeutschen Behörden behaupten – selber aufgehängt haben konnte. Das Sekretariat hat deshalb am 18.10.77 ein Telegramm an das baden-württembergische Justizministerium z. H. von Herrn Bender geschickt. Durchschriften gingen an die Menschenrechtskommission der Vereinten Nationen in Genf und an die Europäische Menschenrechtskommission in Straßburg. In diesem Telegramm verlangte die Kommission eine unabhängige internationale Untersuchung der Todesfälle (Baader, Ensslin, Raspe) und teilte mit, daß eventuell Kommissionsmitglieder bereit seien, an dieser Arbeit teilzunehmen.

I. Haftbedingungen

1. Auszug aus dem Haftstatut für die politischen Gefangenen

Seit der Festnahme von Ingrid Schubert und Monika Berberich im Oktober 1970 waren die Gefangenen der Roten Armee Fraktion (RAF) einem bis ins Detail ausgeklügelten Haftreglement – der Einzel- und Kleingruppenisolation – unterworfen:
»... der Untersuchungsgefangene wird in strenger Einzelhaft gehalten. Die unmittelbar rechts und links und die unter und über der Zelle des U-Gefangenen liegenden Zellen dürfen nicht mit Gefangenen belegt werden ... Einzelhofgang ... Ausschluß von allen Gemeinschaftsveranstaltungen ... tägliche Zellenkontrolle in Abwesenheit des Gefangenen und Leibesvisitation.
... der Gefangene wird unmittelbar nach jedem Besuch im Besuchsraum vom Aufsichtsdienstleiter im Beisein eines weiteren Beamten körperlich untersucht und neu eingekleidet ...«(1)
Diese im Jahre 1973 gegen den damaligen U-Gefangenen Holger Meins verfügten Haftbedingungen wurden bei den später festgenommenen Jürgen Tauras, Siegfried Haag, Roland Mayer, Norbert Kröcher u. a. noch wesentlich verschärft. Die von der Justiz verordnete totale Isolierung der Gefangenen verdeutlicht das Programm des Staates:
Zerstörung des Willens der politischen Gefangenen.

2. Auszüge aus den Untersuchungen Jörgen Pauli Jensens und John McGuffins

Bericht von Jörgen Pauli Jensen (Psychologe, Dänemark)

Die soziale und sensorische Deprivation (SD) als »unblutige« Tortur.
»Schon am Tage nach ihrer Verhaftung wurde Ulrike Meinhof unter extremen Isolationsbedingungen im sogenannten Toten Trakt in der Justizvollzugsanstalt (JVA) Köln-Ossendorf gefangen gehalten. Diese erste Periode in extremer Isolation (es folgten weitere) dauerte 237 Tage. Was bedeutet dies für die physische und psychische Verfassung eines Menschen?
Form und Wirkung der Isolationstortur stehen in einem direkten Zusammenhang: Die Form besteht aus extremer Isolierung von sozialem Kontakt und Verhinderung unterschiedlicher Sinneseindrücke, die notwendige Bedingung sind für das Funktionieren des menschlichen Organismus. Es handelt sich sozusagen um eine Aushungerung des menschlichen Kontaktbedürfnisses und von Sinneswahrnehmungen, d. h. menschlicher Kommunikation, dadurch, daß der Gefangene in eine »camera silens« gebracht wird, einen schalltoten Raum (oder einen Raum, der mit einem ständig gleichlauten Summen erfüllt ist), den Tag über dunkel (oder auch weiß gestrichen mit eingeschalteter Neonbeleuchtung bei Tag und Nacht), mit geringen Bewegungsmöglichkeiten (kleine Zelle) und Sauerstoffmangel. Aus experimental-psychologischen Untersuchung und aus – viel zu viel – praktischer Erfahrung weiß man mit Gewißheit, daß solche Bedingungen in kürzester Frist Menschen psychisch und physisch zerrütten und zerstören können. Physisch

tritt eine allmähliche Zerstörung der sogenannten vegetativen Funktionen ein (krankhafte Veränderungen bezüglich des Schlaf-, Hunger-, Durst- und Urinierbedürfnisses, wie auch Kopfschmerzen, Gewichtsverlust u. a.). Hinsichtlich der psychischen Verfassung entsteht emotionale Instabilität (unverhältnismäßige und plötzliche Angst, Freude und Wut).

Psychisch-erkennungsmäßig entstehen in kurzer Zeit unter anderem zeitliche und räumliche Desorientierung, Konzentrationsschwierigkeiten, Gedankenflucht und schlechtes Erinnerungsvermögen, Sprech- und Verständnisdefizite (man versteht in zunehmendem Maße das Gesagte weniger und drückt sich unzusammenhängender aus), Halluzinationen etc ...

Allerdings greift dieses Programm nicht immer: viele Personen können trotz grober Isolationstortur ihren »Persönlichkeitskern« bewahren, z. B. in Form ihrer politischen Überzeugung.

Kann man von Tortur sprechen?

... kann diese Frage nur mit einem »unbedingten Ja« beantwortet werden. Soziale und sensorische Deprivation muß – neben anderen bekannten Formen von Folter – als Tortur definiert werden, als Tortur, die im Widerspruch steht zu allen Menschenrechtserklärungen und -konventionen.

Die sogenannte »neue« Tortur hinterläßt indessen keine Spuren, egal, ob es sich um Elektrotortur oder soziale und sensorische Deprivation und andere »unblutige« Torturformen handelt.

In der Beurteilung der Behandlung von IRA-Gefangenen durch die Engländer in Nord-Irland kommt Amnesty International (ai) in einem Memorandum zu folgender Feststellung:

»Es ist klar, daß die Absicht und Wirkung solcher Techniken eine Desorientierung und Zerstörung mentaler Funktionen mit Hilfe von SD sind ... Weil wir gegen die beabsichtigte Destruktion der menschlichen Fähigkeit, das eigene Bewußtsein zu kontrollieren, sind, haben wir in unserem Katalog über moralische Verbrechen besonderen Wert auf die Techniken gelegt, die die Absicht oder Wirkung haben, eine Dysfunktion oder Zerstörung der mentalen Prozesse eines Menschen hervorzurufen. Dies ist ein ebenso eklatanter Übergriff auf die immanente Würde des Menschen wie die Techniken der traditionellen physischen Tortur«.(2)
Wir sind zu dem Resultat gekommen, daß Ulrike Meinhof der »unblutigen« Torturmethode ausgesetzt worden ist, die man »soziale und sensorische Deprivation« nennt.

...

Eine solche weitergehende Perspektive ist, daß Gefangene, die beschuldigt werden, staatsfeindliche Aktivitäten auszuüben, oder eventuell nur Sympathien dafür haben, in mehreren Ländern in Westeuropa einer Behandlung unterworfen sind, die im Widerspruch zu menschenrechtlichen und rechtsstaatlichen Prinzipien wie auch zu allgemein humanistischen Prinzipien steht, Prinzipien, denen sich zumindest in ihren offiziellen Verlautbarungen alle Staaten Westeuropas verpflichtet zu sein vorgeben.
Im Zusammenhang insbesondere mit solchen Gefangenen zeichnet sich allgemein ein Muster ab, das folgendermaßen gekennzeichnet ist:

a) Isolationstortur (wie wir sie hier beschrieben haben).

b) Besondere Behinderung und Einschränkung der Verteidigung, auf die jeder Angeklagte ein verfassungsmäßiges Recht hat.

c) Verzerrungen, Verschweigen und offene Lügen und Verleumdungen in Massenmedien und Stellungnahmen von Politikern ...«

Bericht von John McGuffin, Mitglieder der IUK
»Einige Anmerkungen über die Anwendung der Techniken der sensorischen Deprivation in Westdeutschlands Gefängnissen, mit partiellem Bezug zu dem Tod von Ulrike Meinhof.

Die Isolierung und die Technik der SD wird von den Justizvollzugsorganen eingesetzt, um Angst oder Paranoia hervorzurufen ... Verhalten zu ändern ...
In all diesen Fällen ist die Anwendung unmenschlich, degradierend, grausam und barbarisch und verstößt gegen die internationale Menschenrechtskonvention.
Erstmals wurde die breite Öffentlichkeit von der Anwendung der SD-Techniken bei »Befragungen« oder Folterungen Anfang der 70er Jahre informiert (obwohl staatlich finanzierte Forschungen dies in den vorhergehenden 20 Jahren längst herausgefunden hatten). Es handelte sich um 14 Iren, die im August und Oktober 1971 intensiven Folterungen durch SD-Techniken an einem geheimen Ort in Nordirland ausgesetzt waren.
Sechs Jahre später wurde die britische Regierung öffentlich vor dem Europäischen Gerichtshof in Straßburg angeklagt, der bestätigte, daß derartige Anwendungen von SD-Techniken Folter sind.
In England stellten wir fest, daß Sonder-Abteilungen in Gefängnissen eingerichtet wurden, während in den USA, teilweise in Mariona, Illinois, Jacaville und Butner in North Carolina neue »Verhaltenszentren« in den Gefängnissen eingerichtet werden.

Diese schließen SD-Techniken mit Drogenexperimenten und »Verhaltensforschung« à la Skinner* mit ein.

Bedingungen in Westdeutschlands Gefängnissen:
Einige der experimentiellen Arbeiten, die in BRD-Gefängnissen hinsichtlich der SD-Techniken angewandt werden, sind ein Resultat der klinischen Verhaltensforschung an der Universität Hamburg-Eppendorf. Während dieser Forschungsarbeiten, geleitet von J. Gross, wurde die »camera silens« entwickelt, und diese wird nunmehr in BRD-Gefängnissen angewandt. Darunter fallen die Gefängnisse in Hannover, Köln-Ossendorf, Hamburg-Fuhlsbüttel, Hamburg-Holstenglacis, Berlin-Tegel, Berlin-Lehrter Straße, Bruchsal, Essen, Straubing, Werl, Blutzbach, Schwalmstadt, Bremen-Oslebshausen, Mannheim und Frankfurt-Preungesheim.
Die dritte Konferenz der europäischen Gruppen zum Studium der Devianz** und sozialen Kontrolle in Amsterdam 1975 bestätigt, daß zusätzlich zu den ca. 80 Gefangenen aus der RAF einige hundert Gefangene (von Behörden als Unruhestifter eingeschätzt) in den ca. 250 Isolationszellen sitzen (angefügt werden muß, daß diese Zahlen von 1975 sind. 3 Jahre später deutet alles darauf hin, daß diese Praktiken ausgedehnt wurden).
Seit 1972 werden in den Gefängnissen der Bundesrepublik Deutschland an politischen Gefangenen spezielle Methoden praktiziert, die einschließen:
- systematische Trennung von anderen Gefangenen, d. h. Ausschluß von allen Gemeinschaftsveranstaltugnen, vom gewöhnlichen Gefängnisleben, das Verbot der Kommunikation mit anderen Gefangenen, jeder Versuch, die Verbote zu ignorieren, wird mit Bunkerarrest bestraft.

- spezielle Gitter werden vor den Zellenfenstern angebracht, die die Sicht nach außen unmöglich machen.
- lediglich 1 Stunde Hofgang allein in Handfesseln.
- Verbot jeglichen Besuchs und Briefverkehrs, ausgenommen Verwandte.
- alle Besuche werden überwacht von der politischen Polizei, die die gesamte Unterhaltung aufzeichnet und diese, sofern evident, im folgenden Prozeß verwendet.
- totale Zensur von Büchern und Zeitschriften.(3)

Ist die Anwendung Sensorischer Deprivation (SD) in Gefängnissen der Bundesrepublik Deutschland Folter?

18 Richter des Europäischen Gerichtshofs für Menschenrechte, einschließlich eines westdeutschen Richters, befanden Großbritannien der Folter schuldig (Februar 1977). Nach fünf Jahren der Lügen und Ausweichmanöver haben diese Richter festgestellt, daß die Sensorische Deprivation, die durch Großbritannien 1971 in Nordirland angewendet worden ist, Folter ist.

Meiner Meinung nach ist die Behandlung in BRD-Gefängnissen mittels SD Folter.«

Anmerkungen:

1) Aus der Verfügung des Anstaltsleiters von Wittlich vom 26.3.73

2) Memorandum von ai, zitiert nach Jenssen

3) Vgl. Verfügung des Anstaltsleiters der JVA Wittlich vom 26. März 1973 und Verfügungen des Vorsitzenden des 5. Strafsenats beim OLG Stuttgart vom 8. März 1978, die Gefangenen Jürgen Tauras, Siegfried Haag, Roland Mayer, Norbert Kröcher u. a. betreffend.

* Anm. d. Übers.: Skinner, amerikanischer Psychologe, entwickelte maßgeblich den sogenannten Programmierten Unterricht. Das Verfahren behauptet zwar, ein »Lernen nach Einsicht« zu gestatten, verwendet jedoch auch Verfahren des Konditionierens, d. h. ein System von Belohnungen bzw. Bestrafungen für verschiedene Tätigkeiten, um ein Lernziel zu erreichen (vgl. Pawlows Hundeexperimente).

** Anm. des Übers.: Devianz bedeutet ein von einer (gesetzten) Norm abweichendes Verhalten.

II. Medizinische Untersuchungen

1. Offizielle Obduktionsgutachten

Die vom Gericht bestellten Obduzenten Prof. Rauschke und Prof. Mallach kamen aufgrund der von ihnen während der Obduktion vorgenommenen Untersuchungen zu dem Ergebnis, daß Ulrike Meinhofs Tod »Selbstmord durch Erhängen« sei. Die Hirnsektion führte Prof. Peiffer, Tübingen durch.
Der von den Angehörigen beauftragte Nachobduzent, Prof. Janssen, konnte nach den Informationen, die ihm für den Erhängungsvorgang gegeben wurden, Selbstmord durch Erhängen nicht ausschließen.
Die gerichtsmedizinischen Standardwerke weisen immer wieder darauf hin, daß es äußerst schwierig ist, zwischen den verschiedenen möglichen Ursachen für einen Erstickungstod (z. B. durch Erhängen, Erwürgen oder Erdrosseln) zu differenzieren, insbesondere was die Frage vitaler* oder postmortaler Einwirkung betrifft.*
»Wie aus der Darstellung hervorgeht, ist es schon unter geläufigen Umständen recht schwierig, ein vitales Erhängen mit hinreichender Sicherheit zu diagnostizieren ...«(1)
Aus dieser Sachlage ergibt sich die Notwendigkeit besonderer Sorgfalt bei den Untersuchungen:
»Die Professoren Rauschke und Mallach finden eine Leiche von 167 cm Länge und einem Gewicht von 45 bis 50 kg. Messen deutsche Obduzenten oder schätzen sie nur? Mallach und Rauschke finden – nur ein Beispiel – eine Leiche vor, von der sie schreiben: »27. Beide Gaumenmandeln klein, markig, weich, nicht zerklüftet.« – Bei Janssen, als die Schwester von Ulrike Meinhof die Lei-

che identifiziert hatte, heißt es: »Gaumenmandeln beiderseits etwas vergrößert, knapp backpflaumengroß, stark zerklüftet.« ... Rauschke und Mallach entnahmen ihrer Leiche ein Gehirn von – so ihr Bericht – 1425 g Gewicht, das im Institut für Hirnforschung in Tübingen untersucht werden sollte. Prof. Dr. Jürgen Peiffer, der Direktor dieses Instituts, untersuchte jedoch, so sein Bericht, ein »1600 g schweres formolfixiertes Gehirn«. Er konstatierte zwar: »Oberflächliche Rindenschädigungen mit geringfügigem Übergreifen auf die Markzungen im Bereich der medio-basalen Schläfenlappenregionen rechts (wahrscheinlich Folge eines operativen Eingriffs, 1962)«, in seinem zweiseitigen Befundbericht findet sich jedoch kein Hinweis auf die Klammer, die Ulrike Meinhof angeblich seit 1962 im Kopf getragen haben soll«.(2)

[Ja, welches Hirn hat er dann untersucht? Anm. des Hrsg. des Buches Macht 1]

Zwei weitere Beispiele für die »besondere Sorgfalt« der offiziellen Obduzenten:

Keiner der Obduktionsberichte erwähnte die auf den Obduktionsbildern 4, 7, 8 und 9 am vorderen Hals über der Strangmarke im Bereich des Knotenabdrucks sichtbaren Hautblasen von verschiedener Stärke und Verfärbung.

Es wurde keine Histaminprobe vorgenommen, ein Verfahren, mit dem man nahezu zweifelsfrei hätte nachweisen können, ob ein Selbstmord vorliegt oder nicht. (Zum Sinn der Histaminprobe s. Kap. IV, 2, Schluß.)

2. Stellungnahme englischer Ärzte vom 13.8.1976
»Wie starb Ulrike Meinhof?

Am 9. Mai 1976 erfuhr die Welt, daß Ulrike Meinhof, ein führendes Mitglied der Baader-Meinhof-Gruppe, »Selbstmord begangen« habe, und zwar im eigens gebauten Gefängnis mit besonderen Sicherheitsvorkehrungen in Stuttgart, wo sie seit vielen Monaten vor und seit Beginn ihres Prozesses in Haft war.
Seither kam eine Anzahl von Tatsachen ans Licht, die die offizielle Darstellung der Vorgänge ernstlich in Zweifel ziehen. Diese Tatsachen werfen wichtige Fragen auf, nicht nur für politisch Eigensinnige, sondern für alle, denen es um bürgerliche Freiheiten geht. Starb Ulrike Meinhof wirklich durch Selbstmord, durch Erhängen? Oder war es Reflextod durch Herzversagen infolge von Druck, der von einer anderen Person auf ihren Hals ausgeübt wurde? Fand vor ihrem Tod eine sexuelle Attacke auf Ulrike Meinhof oder der Versuch einer solchen statt?

...

Zwei Obduktionen wurden an Ulrike Meinhofs Leichnam vorgenommen ...
Beide Berichte kamen uns zu Händen. Wir finden es wichtig, daß die Ergebnisse eine so weite Öffentlichkeit erreichen wie möglich. Die Befunde sind zutiefst beunruhigend, sowohl in dem, was sie sagen als auch in dem, was sie *nicht* sagen.
Indem wir diese Angelegenheit aufnehmen, ist es unser Wunsch, die üblichen Manipulationen und (schließlich der eigenen Absicht schädlichen) Verzerrungen des Tatsachenmaterials zu vermeiden, ebenso das gräßliche Schwelgen »im Blut der Märtyrer«, das so viele Kirchen und politische Gruppen kennzeichnet.

...
Die behördliche Obduktion erwähnte in dem Bericht, daß Ulrike Meinhofs Leichnam mit der linken Ferse immer noch auf dem Stuhl ruhend gefunden wurde, auf den sie angeblich gestiegen war, um sich zu erhängen. Mit anderen Worten, ein »Fallen« des Körpers aus nennenwerter Höhe hatte nicht stattgefunden. **Wenn** dies Selbstmord war, dann hätte die Todesart mit höchster Wahrscheinlichkeit Tod durch Asphyxie, durch Erstickung, sein müssen, und nicht die häufigere Ausrenkung des Rückgrats im Bereich der oberen Halswirbel, wie sie beim gerichtlichen Tod durch den Strang erfolgt. (Tatsächlich waren die Halswirbel nicht gewaltsam verschoben. – Anm. d. Übers.) Eines der wichtigsten Kennzeichen der Strangulationsasphyxie ist die Verhinderung des Rückfließens von Blut aus dem Kopf.

Das Merkmal einer solchen Verhinderung ist das Vorhanden sein von Blutungen in den Augenbindehäuten. Beide Obduktionsbefunde erwähnen, daß keine solchen Blutungen gefunden wurden.

Noch auch war in den Befunden das Vorquellen der Augen oder der Zunge oder Cyanose (blaue Verfärbung) des Gesichtszustandes zu finden, wie sie beim Erstickungstod allgemein zu sehen sind.
Obwohl das Zungenbein an der Zungenwurzel gebrochen war, fand man keine Quetschung am Hals im Bereich der Einschnürung, die der »Handtuchstrick« gemacht hatte, mit dem sich die Gefangene angeblich erhängt haben soll. Diese negativen Befunde sind, um das allermindeste zu sagen, ungewöhnlich für einen

Tod durch Asphyxie. Hingegen passen sie ins Bild des Todes durch Behinderung des Vagus, d. h. Tod durch Druck auf die Carotis (Halsschlagader), der als Reflex zum Stillstand des Herzens führen kann.

Es gibt andere positive Fakten, die beunruhigen. Beide Autopsiebefunde erwähnen schweren Blutandrang in den äußeren Geschlechtsteilen und Quetschungen an beiden Waden. Beide erwähnen eine Abschürfung, bedeckt mit geronnenem Blut, an der linken Hinterbacke. Der Janssen-Schröder-Bericht erwähnt auch eine Quetschung im rechten Hüftbereich. Die Untersuchung der Unterhose der Gefangenen zur Zeit der ersten Obduktion zeigte verdächtige Flecken. **Chemische Untersuchungen auf Samenflüssigkeit hatten laut behördlicher Beschreibung ein positives Ergebnis,** obwohl keine Spermatozoen gefunden wurden. (Akte der Staatsanwaltschaft, Kriminaltechnische Untersuchungsstelle, 11. Mai 1976).(3)

Kommentar derselben englischen Ärzte vom 20. August 1976. Nach der »Zurückweisen« ihrer Denkschrift durch die Bundesanwaltschaft.

»Fernsehkommentator Gerhard Loewenthal und die Staatsanwaltschaft in Stuttgart argumentieren in einigen Punkten sehr wenig überzeugend für die Selbstmordhypothese:

Prof. Janssens Obduktionsbericht Befund Nr. 24, Seite 7, findet »im Bereich der unteren Ansatzpunkte der großen Kopfnickermuskel, zum Teil unmittelbar oberhalb der Knochenhaut der Schlüsselbeine« zahlreiche Beschädigungen beiderseits. Diese

Muskelstellen sind ganz an der Halswurzel, beim Schlüsselbein, Zungenbeinhorn, also ganz oben am Hals, Zungenwurzelgegend, gebrochen, ebenso die Schildknorpelhörner. Derselbe Strick, dessen Marke weit oberhalb des beschädigten Muskels und wohl auch der Schildknorpelhörner liegt, könnte **nicht** alle drei Beschädigungen vorgenommen haben. Außerdem müßte bei solchen Schäden wie Kopfnickermuskel und Schildknorpel sie zeigen, auch der Hals außen Verletzungen zeigen, auch außerhalb der Strickfurche, aber die waren nicht da. Beim Erwürgen, weil Hände eine größere Oberfläche haben, ist das anders. Da müßte die **Haut** nicht beschädigt sein, trotz solcher Verwundungen.
Janssenbericht Befund Nr. 9, Seite 4: Hautveränderung (nämlich Verletzung!!) über der linken Gesäßseite könnte durch Verletzung durch Anschlagen Ulrike M.'s beim Sprung vom Stuhl beim Erhängen nicht geklärt werden, auch nicht die Verletzung über dem einen Knie. Die »Widerlegung«, die Verletzungen an den Unterschenkeln seien älteren Datums, wohl im Alltag entstanden, stimmt **nicht** mit Janssens Erklärungsversuch überein, sie seien wohl beim Selbstmord noch zu Lebzeiten entstanden. Unterschiede zwischen den Verletzungen **knapp** oder **lange** vor dem Tod müssen feststellbar gewesen sein. Einige der Verletzungen können durch Anschlagen am Stuhl beim Runterspringen unmöglich entstanden sein, weil die Leiche zu hoch hing, außerdem mit einem Fuß noch auf dem Stuhl ruhte.
Die Harmlosigkeit der **positiven** Spermaprobe ist durch Staatsanwalt- und Loewenthalargumente nicht bewiesen. Schon in den Akten der Staatsanwaltschaft stellte Prof. Mallach zwar fest, daß trotz positivem Test auf Samenflüssigkeit in dieser keine Samenfäden gefunden wurden. Das beweist aber gar nichts, weil Samen-

fäden nach Bakterieneinwirkung im Laufe weniger Stunden desintegrieren und verschwinden, wenn in der Unterwäsche Verunreinigung durch Kot oder Urin vorhanden sind. Urinflecke wurden aber gerade in der betreffenden Zwickelgegend reichlich gefunden. – Diese Bakterienreaktionen schwächen auch die positive Reaktion von Samenflüssigkeit ab. Die »Widerlegung«, die positive chemische Reaktion auf Samenflüssigkeit sei »nur schwach« gewesen, sagt also nichts gegen ihr Vorhandensein aus.
Die Erklärung der »Widerleger«, Gesichtsverfärbung (blau, Cyanose) und Blutungen der Augenbindehäute sei gerade für Erhängen untypisch, ihr Fehlen beweise daher, daß Tod durch Erhängen, nicht durch Erwürgen erfolgt sei, ist durch ihre Unvollständigkeit irreführend. Beim Erhängen fehlen solche Blutungen und Verfärbungen tatsächlich nur dann, wenn dabei Tod durch Genickbruch erfolgte. Dies ist bei U. M. nicht der Fall gewesen. Die Alternative, wenn kein Genickbruch vorliegt, ist fast immer der Erstickungstod, der diese Verfärbungen und Blutungen zeigt. – Unsere These war, daß Reflextod durch Herzversagen bei einem Erwürgungsvorgang durch Zusammenpressen der Carotis und Druck auf Vagus stattfand. Diese These erklärte alle hier oberhalb aufgeführten Symptome.«

3. Stellungnahme von Prof. Jarosch

Dr. Klaus Jarosch, Professor an der Universität Linz, weist in einem Schreiben an Rechtsanwalt Michael Oberwinder am 17.8.76 auf die für einen Erhängungstod fehlenden Symptome hin:

„1) Ein typischer 'Erstickungstod' durch Erhängen, d. h. durch Anoxie des Gehirns lag sicher nicht vor, da alle Symptome der sogenannten 'Erstickungsblutungen' fehlten:
a) normalerweise führt die Strangulation durch totalere Kompressionen der Halsvenen gegenüber der Halsschlagader zu Stauungen in der Kopfregion und nach 3-5 Minuten zu Blutungen in der Schädelschwarte, Augenbindehäuten, Gesichtshaut, Rachenschleimhaut, Gaumenmandeln, Lymphknoten, Trommelfell und zu einer Hyperämie der Hirngefäße. Alle diese Symptome fehlten: Pkt. 9, 10, 12, 13, 24, 25, 27, 32, 33, 34, 60, 63. Es ist sogar erwähnt, daß eine starke Blutstauung aller inneren Organe mit *Ausnahme* des Gehirns bestanden hat. Zur Sektionstechnik ist zu bemerken, daß entgegen der Regel, daß die Halsorgane zuletzt in Blutleere zu sezieren sind, diese zuerst obduziert wurden.
b) Es kommt aber auch beim Ersticken normalerweise zu subserösen Blutungen unter dem Lungenfell, den Herzhäuten, der Brieskapsel**. Diese fehlen ebenfalls (Punkt: 35, 37, die Thymusdrüse wurde nicht erwähnt).«
Im gleichen Schreiben nimmt Prof. Jarosch zu den Befunden der von den richterlich bestellten Gutachtern als Hinweis auf den Tod durch Erhängen gewerteten Merkmale an der Leiche Stellung.
»Die Strangfurche am Hals entsprach lediglich Excoriationsvertrocknungen, wie sie an der frischen Leiche auch hervorgerufen werden können (Pkt. 15)***.
Die Totenflecken an den unteren Körperpartien entstehen auch bei Aufhängen einer Leiche in den ersten Stunden nach dem Tode.
Der Abbruch des linken Zungenbeinhornes und des linken Kehlkopfknorpelhornes (gemeint ist das Schildknorpelhorn) kann sowohl bei Würgen wie Drosseln wie Aufhängen und zwar auch ei-

ner Leiche erfolgen, ebenso kann man auch kleinere Blutungen in den umgebenden Weichteilen in der Agonie oder bald nach dem Tode erzielen. Nur die Blutungen im »trägen« blutarmen Gewebe (Bänder der Wirbelsäule, Bandscheiben, Kapsel des Gelenkes zwischen Schild- und Ringknorpel) sprechen eher für vitale Vorgänge. Dies wurde aber bei der ersten Obduktion entweder nicht festgestellt oder nicht beachtet (Pkt. 26, 53). Auffallend ist bei ziemlich symmetrischer Anordnung der Strangfurche die nur linksseitige Verletzung am Hals.

Flüssiges Blut in allen Gefäßabschnitten ist kein spezifisches Zeichen. Bei Erstickung ist die wahrscheinlich durch Abbindung der für die Gerinnung wichtigen Calciumionen durch Kohlensäureüberschuß bedingt, kommt aber auch aus anderen Gründen vor. Starke Blutstauung der inneren Organe mit Ausnahme des Gehirns ist bei Erhängen atypisch.

Mäßig vermehrte Durchfeuchtung der Lungen (Pkt. 35) ist völlig unspezifisch, ebenso die akute Erweiterung der rechten Herzkammer. Einklemmung der Zunge zwischen Ober- und Unterkiefer ist ein mechanischer Vorgang bei Aufhängen vor Eintritt der Totenstarre, kommt also auch noch an der Leiche vor, ebenso Speichelträufe aus dem Mund mit Abrinnspur an der Brust bis zum Nabel.

Die Schlußfolgerung »nach diesen Befunden hat Frau Meinhof bei Beginn der Erhängungsvorgänge gelebt« ist nicht ausreichend belegt. Dasselbe gilt für die Punkte III (Tod durch Erstickung) und IV. Es handelt sich im Gegenteil **sicher nicht** um einen Erstickungstod.

4) Frau Meinhof soll eine Kaiserschnittentbindung durchgemacht haben. Eine diesbezügliche Narbe von 14 cm (Pkt. 16) wurde

festgestellt. Die Angabe von Prof. Janssen, daß dabei immer quere Narben entstehen, ist unrichtig. Außerdem wurden Folgen einer osteoplastischen Schädeltrepanation**** vom 23.10.62 wegen eines Cavernoms im Sinus Cavernosus (Blutgeschwulst) mit geringen oberflächlichen Hirnrinden- und Markschädigungen im Bereich der medio-basalen Schläfenregion rechts gefunden.«

4. Bericht von Dr. Meyer, Mitglied der internationalen Untersuchungskommission

Auf Bitten der Internationalen Untersuchungskommission erstellte deren Mitglied, Dr. H. J. Meyer, Neuro-Psychiater in Mayen (Eifel), Bundesrepublik Deutschland, einen Bericht zu den medizinischen Tatsachen, den Tod Frau Ulrike Meinhofs betreffend.

...

»Meine Aufgabe ist es, der IUK über die medizinischen Tatsachen, die über den Tod von Ulrike Meinhof vorliegen, zu berichten und daraus, soweit es möglich ist, Schlußfolgerungen zu ziehen.

...

Ich setzte die Kenntnis der bisher erstellten Gutachten voraus und erwähnte Einzelheiten und auch Widersprüche nur, wenn sie von Bedeutung erschienen.

Das uns vorliegende Material besteht aus dem Obduktionsbericht der Professoren Mallach und Rauschke und dem Bericht der Nachobduktion von Prof. Janssen; die beiden Gutachten sind nur vorläufig weil eine Anzahl von Befunden aus Untersuchungen mikroskopischer und anderer Art, zu denen Gewebematerial entnommen wurde, noch nicht mitgeteilt worden sind*****. Dadurch bleibt der medizinische Tatbestand unvollständig und manche Schlußfolgerungen können nicht oder nicht vollständig gezogen werden.

Außer den beiden Gutachten über die Allgemeinsektion liegt noch ein neuropathologisches Gutachten von Prof. Peiffer vor, das als endgültig zu betrachten ist, weiterhin die Ergebnisse von Prof. Rauschkes rechtsmedizinischer Leichenuntersuchung (3.1) vom 9. Mai 76, Untersuchungen des Landeskriminalamtes Baden-Württemberg und Untersuchungsbefunde des Instituts für gerichtliche Medizin in Tübingen.

...

Im Gutachten Mallach/Rauschke wird wörtlich ausgeführt: »Die Anordnung des Hängens der Leiche in der Zelle, die Anbringung und Länge des Erhängungswerkzeuges sowie die am Auffindort und bei der Obduktion erhobenen gerichtmedizinischen Befunde entsprechen einer eindeutigen Selbsterhängung mit folgendem Hergang: Frau Meinhof hat sich auf den unter dem Fenster auf der Bettmatratze stehenden Stuhl gestellt, den Handtuchstreifen unter dem Kinn doppelt verknotet und den Stuhl durch einen Schritt ins Leere verlassen, sodaß sie frei am Fenstergitter hing und bald darauf bewußtlos wurde und in Folge Erstickung starb.«

Dazu ist folgendes zu sagen: – Einen Schritt ins Leere konnte Frau Meinhof nicht tun, weil vor ihr die Stuhllehne stand, die sie daran hinderte. – Sie hing frei am Fenstergitter, da der linke Fuß auf den Stuhl aufgesetzt war. – Außerdem stützt sich dieses Gutachten auf völlig falsche Fakten:

Das Erhängungswerkzeug (die Schlaufe) war nicht, wie es im Obduktionsbericht heißt 26 und 25 cm (51 cm) lang. Tatsächlich gibt Prof. Rauschke in seinem Bericht von der rechtsmedizinischen

Leichenschau, die zwei Stunden vor der Obduktion stattfand, als Maß zweimal 34 cm (68 cm) an. Der Strang ist also zwischen den beiden Messungen verkürzt worden.

Die erstgenannte Messung (51 cm) wurde vorgenommen, nachdem der Strang beim Herunternehmen der Leiche durchtrennt worden war. Der Schnitt wurde im Abstand von 1 cm vom Aufhängepunkt am Fenstergitter gemacht. Die 26 und 25 cm sind also die Maße der Strangstücke vom nicht geöffneten Doppelknoten bis zur Schnittstelle. Die zweitgenannte Messung (68 cm), die vorgenommen wurde, während die Leiche noch hing, ist eine mit 2 multiplizierte (gerade) Strecke: der Abstand zwischen dem Aufhängepunkt des Stranges am Gitter und dem Doppelknoten, der die Schlaufe unter dem Kinn zusammenschloß.

Allerdings gibt dieses Maß immer noch nicht die ursprüngliche Länge der Schlaufe an, denn es berücksichtigt den tatsächlichen Verlauf der Schlaufe um den Hals nicht. Um diese Länge zu erhalten, muß man an jeder Seite bis zu 6 cm hinzurechnen, also bis zu 12 cm. Die ursprüngliche Schlaufe maß also ungefähr 80 cm (68 und 12 cm). In solch einer Schlaufe wurde Ulrike Meinhof aufgehängt.

Indem man den Gutachtern eine Schlaufe von 51 cm Umfang vorlegte, d. h. eine um einen Anteil von 29 cm (80-51 cm) verkürzte Schlaufe, hinderte man sie daran, überhaupt die Problematik der Aufhängung von Frau Meinhof zu erkennen und führte sie in die Irre. Dadurch kamen Mallach und Raschke zu ihrer Darstellung des Erhängungsvorganges, die nur unter der Voraussetzung, daß die Schlaufe so kurz war, wie sie bei der Sektion vorlag – 51 cm –, richtig war.

Im Gutachten von Prof. Janssen heißt es:

»Nach den verwertbaren Befunden der Nachsektion handelt es sich bei Frau Meinhof um einen Tod durch Erhängen. Die Befunde am Hals, am Kehlkopf, an den Kopfnickermuskeln und an der Vorderseite der Wirbelsäule führen zu der Feststellung, daß Frau Meinhof zur Zeit des Erhängens lebte.«

Der dritte Gutachter, Prof. Peiffer, Direktor des Instituts für Hirnforschung der Universität Tübingen sagte:

»Diese (die Strangulation, Anm. d. Ref.) ist – da andere Ursachen für das Eintreten des Todes, jedenfalls von neuropathologischer Seite nicht gefunden werden konnten – mit an Sicherheit grenzender Wahrscheinlichkeit die unmittelbare Ursache des Todes«.

Die Aufhängesituation, der Strick, seine Länge und die Strangulationsmarke am Hals von U. M. sind also für alle Gutachter das entscheidende Kriterium dafür, daß U. M. durch Erhängen gestorben ist. Ebenso wie Janssen haben Mallach und Rauschke ausgeführt, daß Frau M. zu Beginn der Erhängung noch lebte, doch die Beweise dafür sind nicht stichhaltig:

– Eine Strangulationsmarke kann auch an der frischen Leiche erzeugt werden.

– Die Fraktur des großen Zungenbeinhorns, die bei U. M. gefunden wurde, kann ebenso wie der Abbruch der beiden Schildknorpelhörner, der auch bei U. M. festgestellt wurde, auch kurz nach dem Tode noch erfolgen und zu Blutaustritten in das umgebende Gewebe führen.

– Auch die kleinen Blutungen im Bereich der unteren Ansatzpunkte der großen Kopfnickermuskel können noch kurz nach dem Tode eingetreten sein.

Nur die von Janssen festgestellten kleinen bis gut hirsekopfgroßen rötlichen Fleckenbildungen unter den vorderen Längsbändern im

Bereich des ersten und zweiten Lendenwirbels sind mit großer Wahrscheinlichkeit intravital****** entstanden, weil Blutungen in diesem Gewebe meist nicht mehr nach dem Tod auftreten können. Diese Blutungen haben aber sicherlich eine andere Ursache, als die Begleitblutungen von Frakturen und die anderen Blutungen, die durch äußere Gewalteinwirkung entstanden sind. Sie müssen nicht gleichzeitig entstanden sein, und es ist ganz unwahrscheinlich, daß sie von einer außen an den Körper herangetragenen Gewalteinwirkung stammen. Ihre intravitale Entstehung beweist daher noch nicht, daß auch die anderen Blutungen intravital entstanden sind. **Ein über alle Zweifel erhabener Beweis dafür, daß Ulrike Meinhof bei ihrer Erhängung noch lebte, ist nicht erbracht worden. Dagegen kann der Nachweis erbracht werden, daß sie zu diesem Zeitpunkt nicht mehr leben konnte.**

Eingangs wurde bereits darauf hingewiesen, daß die Erhängungssituation dadurch falsch dargestellt worden ist, daß man die Schlaufe, in der Ulrike Meinhof hing, um 29 cm verkleinert hat. Tatsächlich wurde Ulrike Meinhof in eine Schlaufe gehängt, die einen Umfang von 80-82 cm hatte und demgemäß einen Kreisdurchmesser von 26 cm. Jedermann kann sich leicht davon überzeugen, daß eine Schlaufe von diesem Durchmesser leicht über den Kopf gestreift werden kann und daß man den Kopf ebenso leicht wieder herausziehen kann. Tatsächlich handelt es sich bei einer solchen Schlaufe im Prinzip um nichts anderes als um eine Glissonschlinge, deren Anwendung in der Medizin sehr verbreitet ist und bei der keine Gefahren bestehen. Um sich in ihr zu erhängen, muß man den Kopf nach vorne nehmen und das Kinn auf die Brust führen, weil sonst die Schlinge keinen Halt für den Körper hat. Diese Kopf- und Kinnhaltung kann man jedoch nur solange beibehalten, als man noch bei Bewußtsein ist. Mit Eintritt der Bewußtlosigkeit aber, sind Willkürbewegungen nicht mehr möglich, der Muskeltonus verschwindet in zunehmendem Maße, und die so hängende Person fällt aus der Schlinge heraus, gemäß dem Zug, den der hängende Körper auf den Kopf ausübt. Der Kopf würde nach hinten geneigt, die Schlinge würde das Kinn und den Kopf ebenfalls nach oben drücken. Damit wäre eine Fixierung der Schlinge am Hals nicht mehr möglich. Die Schlinge würde auch keine Strangulierungsmarke wie die, die bei U. M. bestand, hervorrufen können, denn sie liegt um den vorderen Teil des Halses und würde sich über den seitlichen Halsteil frei hinwegspannen, weil sie auseinandergehen muß, denn sie wird um den Hinterkopf herumgeführt. Sie könnte wahrscheinlich noch nicht einmal zur Drosselung der Blutgefäße führen.

Ganz anders liegen die Verhältnisse, wenn die Schlinge nur einen Umfang von 51 cm hat. Dann kann der Kopf nicht mehr durchgesteckt werden und ebenfalls nicht mehr herausfallen. Der Aufhängepunkt liegt dann auch nicht mehr in der Höhe des Hinterkopfes, sondern hinter dem Hals, führt tatsächlich zu einer tiefen Strangmarke auch seitlich am Hals. Dieser Eindruck wurde den Gutachtern auch durch die Verkürzung des Schlaufenumfanges erweckt. Er entspricht aber nicht den tatsächlichen Gegebenheiten.

Die Aufhängung in einer so weiten (80-82 cm) Schlinge ist nach dem oben Ausgeführten nicht nur ein wenig taugliches Mittel zur Erhängung eines Menschen, sondern ist auch **nicht geeignet dazu, eine Leiche stundenlang in der Hängelage zu halten, denn sie würde** nach den gleichen physikalischen Gesetzen **aus der Schlinge herausfallen** wie der lebende Mensch, soweit er bewußtlos ist. **Eine einigermaßen sichere Aufhängung ist nur dann möglich, wenn man die Totenstarre dazu benutzt, den Kopf in eine Haltung zu bringen, durch die die Schlaufe nicht mehr abgestreift werden kann.** Man muß dazu den Kopf ganz leicht nach vorne nehmen und vor allem das Kinn auf die Brust führen, sodaß Kinn und Hals eine Rinne bilden, in der der Strick liegen kann, ohne den Kopf herauszuwerfen. Mit Hilfe der Totenstarre lassen sich die Kopfhaltungen imitieren, die es dem lebenden, noch nicht bewußtlosen Menschen auch ermöglichen, in der Schlinge zu hängen. **Diese Erhängung ist einigermaßen stabil, solange die Totenstarre anhält,** kann aber in der Zeit der Tonuserschafflung vor Eintritt der Leichenstarre nicht bestand haben. **Im Fall der Ulrike Meinhof** scheinen denen, die sie erhängt haben, auch Zweifel an der Stabilität der Aufhängung gekommen zu sein. Jedenfalls **haben sie die Aufhängung dadurch stabiler gemacht, daß sie den linken Fuß der Leiche auf den vor ihr stehenden Stuhl aufsetzten.** In der Leichenstarre wirkt das ausgestreckte Bein wie ein Holzstab, mit dem man ein darüberliegendes Gewicht stützen kann. Dadurch wurde ein Teil des Körpergewichts abgestützt und die Zugkraft des hängenden Körpers vermindert. Weiterhin wurden die Schultern der Leiche nach vorne genommen, so daß das Gegengewicht gegen die Zugkraft vergrößert wurde. **Daß das linke Bein erst im Zustand der Leichenstarre auf den Stuhl gesetzt wurde, erkennt man daran, daß der Fuß in seiner normalen Haltung geblieben ist.** Hätte er unmittelbar nach dem Tode bereits so gestanden, dann wäre im Stadium der Tonusaufhebung der Fuß umgeknickt und durch die Leichenstarre in dieser Haltung fixiert worden. Das war aber nicht der Fall.

In dem Arrangement von Leiche, Stuhl und Stuhlunterlagen hat der Stuhl eine Stützfunktion für die Leiche. Das erkennt man auch daran, daß außer der Matratze noch Wolldecken unter den Stuhl gelegt wurden, damit das Podest die genügende Höhe für das linke Bein bekam. Daß diese Stützfunktion auch wirkte, erkennt man im übrigen auch daran, daß die rechte Stuhlseite deutlich tiefer steht als die linke, neben der der rechte Fuß herunterhängt.
Was das Erhängungswerkzeug selbst betrifft, erscheint es ganz klar, daß ein Strang von solcher Länge (80 cm für die Schlaufe, ohne den Doppelknoten und die beiden freien Enden mitzurechnen, die für unsere Darstellung nicht erwähnt zu werden brauchten) nicht aus einem Streifen, der von einem Handtuch von 75 cm Länge abgerissen worden war, ohne eine Naht hergestellt werden konnte. Dies ist ein weiterer Punkt, in dem die offizielle Berichterstattung fragwürdig ist. Und das zerschnittene Handtuch sowie seine Lage über dem Fensterrahmen unmittelbar links von der Leiche hatte ja wohl den Zweck, bei der Auffindung der Leiche den Eindruck des Selbstmordes zu verstärken. Dieser Eindruck würde sofort durch die Kenntnis der Maße des Strangwerkzeuges zerstört.

Merkwürdigerweise hat niemand daran gedacht, die Länge des Strangwerkzeuges zu messen. Rauschke begnügte sich mit der Messung eines Abstandes. **Bei keiner amtlichen Erwähnung der Maße des Strickes wird eine Stricklänge genannt, die größer als 73 cm ist.**

Die Tendenz, die mit dem Abschneiden des Handtuchs verfolgt wurde, stimmt also mit der überein, die bei den Maßangaben der amtlichen Berichte zu erkennen ist. Auch bei der aufmerksamen Lektüre eines solchen Berichtes vergegenwärtigt sich der Leser die tatsächliche Stricklänge nicht, wenn ihm nur ein Teilmaß angegeben wird, das er zu einem anderen Teilmaß addieren müßte, um die wirkliche Länge zu erfahren.

Aus der Tatsache, daß in der Zelle von Ulrike Meinhof eine Glühbirne in der Schreibtischlampe gefunden wurde, wurden keine Konsequenzen gezogen. So wie die Sache dargestellt wird, hat man die Vermutung, daß Ulrike Meinhoff die Glühbirne versteckt und in der Nacht benutzt hatte.

In Stammheim besteht die Anordnung, daß die Gefangenen abends, wenn es dunkel ist, Glübirnen und Leuchtstoffröhren aus den Lampen entfernen und um 22 h beim Wachpersonal abgeben. Am nächsten Morgen, wenn es hell ist, bekommen sie diese Glühbirne zurück. Diese Anordnung, in der die Absurdität zum Prinzip erhoben ist, ist auch am Abend des 8. Mai 1976 befolgt worden. Wenn man nun behaupten will, daß die Glühbirne, die am nächsten Morgen gefunden wurde, von Ulrike Meinhoff in die Lampe eingeschraubt worden sei, dann muß man diese Behauptung erhärten. Es hat in der Vergangenheit schon mehrfach Zellendurchsuchungen bei ihr gegeben. Wenn sie eine Glühbirne versteckt gehabt hätte, hätte man sie doch einmal entdecken müssen. Ist das nicht der Fall, dann muß doch ernsthaft diskutiert werden, ob die Glühbirne nicht von einem Dritten in die Lampe eingeschraubt worden ist. Der Verdacht, daß es so sei, ist umso größer, als Ulrike Meinhoff sich nachts ja Licht durch das Fernsehgerät beschaffte. Ein Fremder aber, der nachts in der Zelle hantierte,

wäre auf Lampenlicht mehr angewiesen. Hinzu kommt, daß Ulrike Meinhof – angenommen, daß sie es gewesen wäre, die Glübirne in die Lampe schraubte – die Lampe im entscheidenden Augenblick nicht benutzt hätte, d. h. in dem Augenblick als sie, um sich zu erhängen, den wegen der nachgiebigen Unterlage (Matratze und Decken) sehr wackeligen Stuhl bestieg. Tatsächlich war das Licht am Morgen des **9. Mai 1976 ausgeschaltet.**
Die Tatsache, daß eine Birne in die Lampe eingeschraubt war, spricht also eher für die Anwesenheit eines Dritten als für die Urheberschaft von Ulrike Meinhof. Die Anwesenheit eines Dritten in der Nacht ist mit der Selbstmordtheorie nicht vereinbar. Für die Vernichtung der Fingerabdrücke auf der Glühbirne bestand für Ulrike Meinhof überhaupt kein Anlaß.

...

Es besteht nicht in der Frage, ob sie Selbstmordmotive hatte, sondern in der, warum sie keinen Abschiedsbrief geschrieben hat. **Das Fehlen des Abschiedsbriefes ist ein entscheidender Faktor. Dieser spricht m. E. entschieden gegen Selbstmord und steht auch im Gegensatz zu allem, was wir sonst über sie wissen.** Sie hatte ihre Überzeugung nicht aufgegeben, wußte, daß sie noch Anhänger hatte, und es ist unvollstellbar, daß sie, ohne diesen ein erklärendes Wort zu hinterlassen, aus dem Leben geschieden wäre. Ebenso hätte sie ihrer Schwester eine Nachricht hinterlassen, die das bei einer früheren Gelegenheit gesprochene Wort: »Wenn Du hörst, ich hätte mich umgebracht, dann kannst Du sicher sein, es war Mord!« zurückgenommen hätte. Ein anderes Verhalten steht in vollkommenem Gegensatz zu allem, was sie sonst gesagt und getan hat.

Was wir über ihr Verhalten in den letzten Tagen gehört haben, spricht nicht dafür, daß die von Prof. Pfeiffer festgestellten anatomischen »Elemente einer Pseudoencephalitis Wernicke« klinisch bei ihr bestanden haben. Ich verweise darauf, daß ohnehin und gerade bei der Pseudoencephalitis Wernicke zwischen anatomischem und klinischem Befund eine erhebliche Diskrepanz bestehen kann. Dafür, daß Ulrike Meinhof an einer Krankheit litt, die durch zunehmende Bewußtseinstrübung, Konfabulation, schwere Merkfähigkeitsstörungen gekennzeichnet ist, liegt kein Anhalt vor.

Zusammenfassend können wir feststellen:

...

Die Gutachter, die den Tod durch Erhängen bejaht haben, wurden durch die Vorlage eines um ca. 29 cm verkleinerten Strangwerkzeuges getäuscht. Die tatsächliche Erhängungssituation und deren Problematik stellte sich ihnen gar nicht. Die Problematik dieser Erhängungssituation aber besteht darin, daß die Erhängung in einer Schlaufe, die so groß ist, daß man sie zwanglos über den Kopf stülpen kann, kaum möglich ist, weil der Kopf des Erhängten wieder aus der Schlaufe herausfällt. Im allgemeinen wird er nicht länger in der Schlaufe hängen, bis eine Bewußtlosigkeit eingetreten ist. Auch eine Leiche kann in diesem Zustand nicht über Stunden hängen.

Eine Aufhängung der Leiche kann nur dann in solch einer Schlaufe erfolgen, wenn dazu die Totenstarre benutzt wird. In diesem Fall ist es auch möglich, die Last des Körpers teilweise auf das linke Bein zu verlagern, wie es bei Ulrike Meinhof geschehen ist. Es ergibt sich also aus der Aufhängesituation, daß diese erst nach

Eintritt des Todes und der Totenstarre arrangiert werden konnte. Es handelt sich um eine gleichsam fixierte Situation bei der Aufhängung eines Lebenden.
Aus Verhaltensweisen allein kann nicht auf eine Suicidalität geschlossen werden. Das Problem bei Ulrike Meinhof ist auch nicht, ob sie Selbstmordmotive hatte, das Problem heißt vielmehr, warum sie keinen Abschiedsbrief hinterlassen hat. Es ist ausgeschlossen, daß Ulrike Meinhof einen Selbstmord begangen hätte, ohne eine Abschiedsbrief zu hinterlassen.«.

5. Aus einer Mitteilung von Ingrid Schubert vom 27. Mai 1977(4)

Wir sind »... durch Berechnungen und Experimente zu Ergebnissen gekommen, die nicht nur eine Manipulation an dem Strick beweisen, sondern auch, daß ein Strick aus diesem Material und von dieser Breite von 4 cm bei jeder plötzlichen ruckartigen Belastung sofort reißt.
Wir haben zweimal den Versuch gemacht, mit einem 4 cm breiten Streifen aus genau diesem Material – blaukariertes Gefängnishandtuch – einmal mit einem älteren, verwaschenen, etwas morscheren und einmal mit einem neuen Handtuch. Beide Versuche hatten das gleiche Ergebnis: bei relativ geringer Belastung riß der Streifen am Aufhängepunkt (Gitter). Einer plötzlichen Belastung von 50 kg und angeblichen Strampelbewegungen, die Rauschke zur Erklärung der Verletzungen an den Beinen behauptet, hätte ein Strick dieser Art und Breite nicht standgehalten.«

Zu der Länge des Streifens:
Die rechtsmedizinische Untersuchung durch Rauschke gibt an: 34 cm vom Aufhängepunkt **zum Knoten,** beiderseits –
1. das ergäbe einen **Schlaufenumfang** von 68 cm
2. die **Gesamtlänge** des Streifens wäre 113 cm.
Das setzt sich aus folgenden Daten zusammen:
2 x 34 cm Seitenteile,
2 x 11 cm für Doppelknoten,
je ein freies Ende von 11 cm + 12 cm.

Durch Versuche mit einem 4 cm breiten Streifen haben wir festgestellt, daß je 11 cm, also insgesamt 22 cm für einen Doppelknoten gebraucht werden.

Im Obduktionsbericht von Rauschke – 2 Std. später – ist die Angabe für die Länge des Streifens:
ein Seitenteil mit 26 cm
ein Seitenteil mit 25 cm
je ein freies Ende mit 11 cm und 12 cm

Der Doppelknoten ist nicht mitberechnet (wahrscheinlich nicht geöffnet, da an der Aufhängestelle durchtrennt) – nach unserer Rechnung ergibt sich bei diesen Angaben eine Gesamtlänge von 95 cm.
Erstens ergibt sich also, daß ein Stück von 18 cm fehlt – was die Differenz für einen Schlaufenumfang von 68 cm (erste Messung) und 51 cm (zweite Messung) ist und auch ihrer Erklärung entspricht.

Zweitens aber ist das Handtuch, von dem der Streifen abgerissen worden sein soll, nur insgesamt 75 cm lang (alle Handtücher dieser Sorte sind nicht länger bzw. maximal 75 cm) – es ist unmöglich, daraus einen Streifen von 95 cm bzw. 113 cm zu machen ohne zusammenzustückeln. Dazu gibt es keine Angaben.
Als Fakt bleibt also, daß der Schlaufenumfang um 18 cm verkleinert wurde, um zu erklären, daß der Kopf nicht aus der Schlinge gerutscht ist – und daß insgesamt Angaben vorliegen, die nicht stimmen können, wie mit Versuchen bewiesen wurde ...«

Anmerkungen:
* Anm. d. Ü.: Vital = lebendig.
1) Berthold Müller: Gerichtliche Medizin, 2 Bände, Berlin-Heidelberg/New York 1976, S. 455
2) Jürgen Saupe: Fakten zum Vorwurf Mord; in »konkret« 9/76
3) Als Flugblatt veröffentlicht von »Solidarity«, einer Gruppe entglischer Ärzte, zum 13. August 1976. (»Solitarity« c/o 123 Lathom Road, London E. 6.).
** Anm. d. Ü.: Die Brieskapsel umgibt die Thymusdrüse.
*** Anm. d. Ü.: Exoriation = Hautabschürfung.
**** Anm. d. Ü.: Trepanation = Schädelbohrung, Osteoplastik = operative Schließung von Knochenlücken.
***** Anm. d. Ü.: Seit dem Schreiben Prof. Rauschkes vom 17. Nov. 1977 an die IUK (vgl. Schreiben im Anhang I) kann das Gutachten von Mallach und Rauschke als abschließend und damit endgültig betrachtet werden.

3.1) Anm. d. Ü.: Bei der rechtsmedizinischen Leichenuntersuchung wird die Leiche am Auffindungsort von einem Gerichtsmediziner untersucht.

****** Anm.: d. Ü.: Intravital = zu Lebzeiten.

4) Ingrid Schubert war Mitglied der RAF. Bis August 1977 war sie in Stammheim inhaftiert, danach wurde sie in die JVA München-Stadelheim verlegt, wo sie am 12. Nov. 1977 durch überraschen Selbstmord starb.

III. Kriminalistische Untersuchungen

1. Widersprüche

Die medizinischen Gutachten zu den Obduktionsbefunden zu der Leiche von Ulrike Meinhof ergaben, daß aus den Tatsachen keineswegs – wie offiziell verlautete – auf eine typische Selbsttötung durch Erhängen geschlossen werden kann. Die Hypothese vom Selbstmord führte im Gegenteil zu unauflösbaren Widersprüchen, die sich auf der Ebene der kriminalistischen Ermittlungen wiederholten, und die Staat und Justiz ihrerseits offenbar nicht zu klären in der Lage waren. Aufgrund dessen erhärtete sich der Verdacht auf Fremdeinwirkung. Über die bereits im Gutachten von Dr. Meyer aufgeführten und durch die Experimente der Stammheimer Gefangenen bestätigten Widersprüche (Aufhänge-situation, Beschaffenheit des Strangwerkzeuges etc.) hinaus müssen folgende Fakten in die Untersuchung einbezogen werden.

a) Handtuch und Schneidewerkzeug

Der als Strangwerkzeug dienende Handtuchstreifen war ohne geeignete Hilfsmittel nicht an dem Fenstergitter zu befestigen.
»Das Maschengitter hat Quadrate von 9 mm/9 mm – es ist unmöglich ohne Hilfsinstrument einen derartigen Streifen durch das Gitter nach außen, um eine Strebe herum und wieder nach innen zu ziehen. Ein dazu geeignetes Instrument, wie Pinzette zum Beispiel, wurde nicht gefunden ...
Um den gedrehten Strick durch das Gitter wieder nach innen ziehen zu können, ist eine Pinzette notwendig. Mit keinem anderen

Instrument (wie Gabel/Löffel) klappt es, da die Quadrate zu klein sind.« (Aus den Mitteilungen der Stammheimer Gefangenen)
Zum Bericht der Kriminal-Technischen Untersuchungsstelle (KTU) Stuttgart vom 11.5.76 bemerkte Jürgen Saupe:
»Zum Strangwerkzeug: Die Kripo findet in der Zelle 719 (in der Ulrike Meinhof starb, Anm. d. Übers.) unter anderem zwei blaukarierte Handtücher. Eines ist 45 mal 75 cm groß und zeigt »Fremdanhaftung«. Ein zweites – offenbar ohne »Fremdanhaftung«, also sauber – ist 38 mal 75 cm groß. Von seiner »Breitseite«, so die kriminaltechnische Untersuchungsstelle Stuttgart, »wurde ein Streifen abgeschnitten. Bei dem abgeschnittenen Streifen dürfte es sich mit Sicherheit um das Tatmittel handeln«. Wenn man davon ausgeht, daß die Anstaltshandtücher alle gleich groß sind, so wäre ein 7 cm breiter Streifen von dem zweiten Handtuch abgetrennt worden.(1) Da das Strangwerkzeug aber nur 4 cm breit ist, fehlt ein 3 cm breiter Handtuchstreifen. In der Zelle wurde er nicht gefunden. Gefunden wurden in der Zelle von Frau Meinhof als einzige Schneidewerkzeuge eine Schere und ein Besteckmesser. Bei der kriminalistischen Untersuchung konnten an beiden keine Textilfasern nachgewiesen werden.(2)«

b) Stuhl/Matratze

Zur Aufhängesituation der Leiche existieren zwei konkurrierende und sich ausschließende Versionen.
Die Gefangenen haben zur Aufhängesituation folgendes mitgeteilt:
»a) Schreitmüller*: Schemel gibt es nicht. Einen Stuhl habe er nicht gesehen.
b) Henck**: Die Füße seien 20 cm vom Boden entfernt gewesen.

c) Die Beamten erwähnen nirgendwo einen Stuhl oder eine Matratze.

d) Zum ersten Mal taucht der Stuhl bei Rauschke auf, im rechtsmedizinischen Bericht und im Kripo-Bericht. Rauschke spricht von einer Matratze – Kripo von Matratze mit mehreren Decken – Rauschke gibt die Matratze bei seinem Bericht an Janssen nicht an, so daß Janssen von falschen Tatsachen ausgehen muß.

e) Ein Stuhl auf einer so unsicheren Unterlage würde sofort umkippen bei den behaupteten Reflexbewegungen – die so stark gewesen sein müßten, daß derart viele und tiefreichende Verletzungen an den Beinen, wie sie festgestellt wurden, möglich würden.«

»Rechtsanwalt Croissant fragte Regierungsdirektor Schreitmüller, ob die im Nachrichtenmagazin »Der Spiegel« gegebene Darstellung richtig sei, daß sich unter der Leiche ein Stuhl oder Schemel befunden habe. Schreitmüller erklärte, er habe unter der Leiche **keinen** Stuhl gesehen, die Nachricht im Spiegel sei eine Falschmeldung.«(3)

In den Aufrißskizzen zum Grundriß und Inventar der Zelle, wie sie in der Staatsanwaltsakte vorliegen, taucht zwar der Stuhl unter dem Fenster, nicht aber die Matratzenunterlage auf.

c) Decke

»Ulrike Meinhof hat stets auf einer Kamelhaardecke geschlafen, die eingestickt den Namen »Andreas Baader« getragen hat.

Diese Decke fehlte bei der Übergabe der Habe an den Testamentsvollstrecker. Die Decke befand sich zuvor noch im Stammheimer Gefängnis. Sie ist von den Ermittlungsbeamten des Staats-

schutzes ausweislich des Verzeichnisses nicht beschlagnahmt worden.
Im Verzeichnis der Anstalt steht, daß und wann sie abgeliefert wurde. Sie kann das Gefängnis also auch nicht verlassen haben.«(4)

d) Glühbirne

»Entsprechend der Anordnung der VZA Stammheim habe ich gestern abend um 22 Uhr die Zelle der Frau Ensslin und der Frau Meinhof geöffnet, um mir wie jeden Tag die Neonröhren und Glühbirnen von den Beleuchtungskörpern in den Zellen geben lassen«, gab die Assistentin zur Anstellung im Strafvollzugsdienst, Renate Frede, bei ihrer ersten Vernehmung durch die Kripo am 9.5.76 an.(5) Bei der amtlichen Zellendurchsuchung am 10.5. wurde dagegen eine Glühbirne mit Fingerspuren, die sich in der Tischlampe befand, sichergestellt und zur weiteren Untersuchung an die kriminaltechnische Untersuchungsstelle BKA übersandt.(6)
Diese teilte als daktyloskopischen Befund mit:
»Die auf dem Glaskörper der übersandten Glübirne bereits mit schwarzem Pulver sichtbar gemachten daktyloskopischen Spuren sind hier erneut fotografiert worden. In allen Fällen handelt es sich um Fragmentabdrücke, die nicht für Identifikationszwecke geeignet sind. Beim Vergleich mit den Fingerabdrücken unter den Personalien MEINHOF, Ulrike geb. 7.10.1934 in Oldenburg, wurden keine Anhaltspunkte für Übereinstimmung festgestellt.«(7)
Dieses Ergebnis, das auf die Anwesenheit dritter Personen in der Zelle von Ulrike Meinhof in der Nacht von dem 8. auf den 9.5.76

schließen läßt, wurde der Staatsanwaltschaft erst am 25.6. durch das LKA (Landeskriminalamt) mitgeteilt.
Zu diesem Zeitpunkt war das Ermittlungsverfahren bereits seit zwei Wochen eingestellt!

e) Kleidung

»Aus den Protokollen der Vernehmungen und Aussagen von Gudrun Ensslin geht hervor, daß Ulrike Meinhof am Abend mit einer verwaschenen Jeanshose und einer roten Bluse bekleidet war. Als man sie erhängt fand, trug sie eine schwarze Cordhose und eine graue langärmelige Baumwollbluse. So bleiben zwei Fragen:
1. Warum zieht sich jemand um, der sich aufhängen will?
2. Warum wurde von der Kripo und Staatsanwaltschaft nicht festgestellt, wo die von Ulrike Meinhof am Abend getragenen Kleidungsstücke geblieben sind?«(8)

f) Widersprüche in der Aussage von Renate Frede

Bei ihrer ersten Vernehmung durch die Kripo gab die Assistentin zur Anstellung im Strafvollzugsdienst, Renate Frede [einen Namen, den man sich merken sollte, Anmerkung des Hrsg. des Buches „Macht 1"], an, sie habe zur Entgegennahme der Glühbirnen die Zellentür von Ulrike Meinhof geöffnet. Ohne daß die Staatsanwaltschaft dafür eine Begründung angab, wurde sie am 11.5.76 zum zweiten Male vernommen und gab nun an:
»Wenn ich in meiner ersten Vernehmung irrtümlich angegeben haben sollte, daß ich am Samstagabend um 22 h die Zellentüre der

Frau Meinhof geöffnet habe, um die Glühbirne entgegenzunehmen, so stimmt das nicht ganz.
Ich habe nicht die Zellentüre geöffnet, sondern nur die Essensklappe. Hierbei waren außer mir noch die Beamten Walz und Egenberger anwesend. Die Essensklappe ist durch ein Steckschloß gesichert.«(9)

Schlußfolgerung:

Aus der Zusammenschau der aufgeführten und von uns belegten Widersprüche, Fakten und Indizien sowohl auf der medizinischen wie auf der kriminalistischen Ebene muß Selbstmord als Todesursache ausgeschlossen werden. Selbst ein *deutsches Gericht* erkannte an, daß die logische Konsequenz aus der Zusammenstellung dieser Fakten, die zu ziehen jeder durchschnittliche Leser fähig wäre, die Erhebung des Mordvorwurfs sein müßte.(10) Er wies mit dieser Begründung den Anspruch auf Gegendarstellung zurück, den Jürgen Saupe gegen die „Bunte" geltend machen wollte, da diese in der Ausgabe vom 4.11.76 behauptet hatte, Jürgen Saupe habe „noch in der Septembernummer des linksradikalen Magazins 'konkret' zu beweisen versucht, daß Ulrike Meinhof in ihrer Zelle ermordet worden sei."

...

Das Resulatat der dargelegten Untersuchungen ist notwendigerweise die Annahme, daß Ulrike Meinhof aufgrund von Fremdeinwirkung starb. Hiermit wird die Frage zentral, wer in der Nacht vom 8. auf den 9.5.76 Zugang zur Zelle von Ulrike Meinhof gehabt haben könnte; eine Frage, der die Staatsanwaltschaft zu keinem Zeitpunkt ihrer Ermittlungen nachgegangen ist.

2. Bundeswehr in deutschen Haftanstalten

Während eines Besuches bei Ulrike Meinhof am 18.2.74 wurde die Schwester von Ulrike Meinhof durch Zufall Zeuge folgenden Vorganges:
Auf dem Weg zum Besuchsraum wurde sie mit dem sie begleitenden Kriminalbeamten plötzlich ohne Begründung in eine leere Zelle eingeschlossen. Von dort konnte sie beobachten, wie eine Gruppe von Bundeswehrangehörigen an den Zellen vorbeiging.
Auf eine Anfrage vom »Komitee zur Aufklärung über Gefängnisse/Initiative gegen Folter« bezugnehmend auf die Anwesenheit der Bundeswehr im »Toten Trakt« der JVA Köln-Ossendorf, antwortete der Wehrbeauftragte des Deutschen Bundestages:
»Am 18.2.1974 haben einige Unteroffiziere des Fernmelderegiments 95 in Köln im Rahmen der Unteroffizier-Fort- und Weiterbildung die JVA Köln besichtigt. Derartige Besichtigungen wurden auch schon früher mit Angehörigen anderer Truppenteile durchgeführt.(...)
Die Gruppe der Soldaten wurde am 18.2.1974 von dem für Sicherheit und Ordnung in der JVA Köln zuständigen Inspektor geführt. Dieser Beamte ist u. a. auch für den Vollzug der Untersuchungshaft an der Untersuchungsgefangenen Ulrike Meinhof zuständig.«
...
Stand die Anwesenheit von Unteroffizieren des Fernmelderegiments im Zusammenhang mit etwaigen Lauschoperationen? Auf dem Hintergrund der vorgenommenen Abhörmaßnahmen bei Gesprächen zwischen Verteidigern und Gefangenen in der JVA Stuttgart-Stammheim ist dies eine Frage, die sich aufdrängt.

Darüber hinaus gibt es Informationen von Rechtsanwalt Weidenhammer darüber, daß in Stuttgart-Stammheim Angehörige des Bundesgrenzschutz unkontrollierten Zugang zu der Anstalt haben. Die Gefangenen und ihre Anwälte haben schon früher darauf hingewiesen, daß zumindest Beamte des Bundeskriminalamtes (BKA), des Landeskriminalamtes (LKA) und des BGS ungehinderten Zugang zum 7. Stock der JVA Stuttgart-Stammheim haben. In diesem Zusammenhang findet die Tatsache Bedeutung, daß am 8. Mai 1976 [in der Nacht des überraschenden Todes von Ulrike Meinhoff, Anm. des Hrsg. des Buches „Die Macht 1“] ein Hubschrauber des BGS in der unmittelbaren Nähe auf dem Gelände der Anstalt landete. Dies war der Anlaß für ein Gespräch zwischen Gudrun Ensslin und Ulrike Meinhof, das sie gegen 22 Uhr am Zellenfenster miteinander führten. Sie sprachen davon, daß ein Hubschrauber über die Anstalt flog, was schon seit längerer Zeit nicht mehr vorgekommen wäre. Bis heute gibt es keine Antwort darauf, zu welchem Zweck der Hubschrauber den Sicherheitsbereich der Anstalt überflog, wo er genau landete und wann er wieder wegflog.

3. Zur Bewachung in der Nacht von dem 8. auf den 9. Mai 1976

Diensthabende Beamte für den 7. Stock:
Frede, Renate, [!!!] Assistentin zur Anstellung im Strafvollzugsdienst, vom 8.5., 18 Uhr, bis 9.5., 6 Uhr 30
Egenberger, Dieter, Justizbeamter in der Vollzugsanstalt Stammheim, vom 8.5., 18 Uhr, bis 9.5., 6 Uhr 30

Angabe Frede bei der zweiten Vernehmung durch die Kripo am 11.5.76:
»Nachdem wir die Glühbirnen in Empfang genommen haben, habe ich noch ca. eine halbe Stunde lang Maschinengeklapper aus der Zelle der Frau Meinhof gehört. Es war eindeutig Schreibmaschinengeklapper. Ich konnte es aus dem Grund hören, da sich unser Dienstzimmer nur ca. 10 m von der Zelle der Frau Meinhof entfernt befindet. Die Tür war die ganze Nacht über **grundsätzlich geöffnet.**«(11) [wie wahrscheinlich es ist, daß Ulrike Meinhof noch Schreibmaschine schrieb, nachdem die Glühbirne entfernt wurde, diese Frage wird sich wohl die Zeugin nicht gestellt haben. Anm. des Hrsg. des Buches „Macht 1").

Angabe Egenberger, Vernehmung am 12.5.76:
»Schreibmaschinengeklapper habe ich in dieser Nacht nicht gehört. Wahrscheinlich liegt es daran, daß die Verbindungstür zwischen dem Zellentrakt und dem Vorraum, in dem sich mein Dienstzimmer befindet, **grundsätzlich geschlossen** ist.«(12)

4. Zur Bewachung in der Nacht vom 17. auf den 18.10.1977(13) [der Nacht, in der ganz überraschend Baader, Ensslin und Raspe verstarben, Anmerkung des Hrsg. des Buches Macht 1]

Ein Vollzugsbeamter, ein Assistent zur Aushilfe, hielt sich in der Nacht vom 17./18.10. nicht in der Glaskabine auf, von wo aus der Trakt einsehbar ist, sondern im Wachtmeisterzimmer hinter Doppeltüren im 7. Stock.

Erhard Eppler im baden-württembergischen Landtag am 10.10.77 sagte, es wäre unverantwortlich, daß man »..., einen einzigen Vollzugsbeamten, dazu einen Assistenten aushilfsweise, von 18 Uhr bis 16 Uhr 30 im 7. Stock in Stammheim wachen läßt ...«(14) Sowohl in der Nacht vom 8. auf den 9. Mai 1976 als auch in der Nacht vom 17. auf den 18. Oktober 1977 war jeweils ein im normalen Vollzugsdienst in Stammheim nicht angestellter Assistent zur Bewachung eingesetzt. [Hört, hört!]

So war Egenberger nach eigenen Angaben der Name der Beamtin [gemeint ist Frau Frede, Anm. des Hrsg. des Buches Macht 1], die in der Nacht vom 8./9. Mai 1976 mit ihm gemeinsam Dienst hatte, unbekannt.

Angabe Egenberger, gegenüber der Kriminalpolizei am 12.5.76: »Das einzige, was ich mit ihr (Ulrike Meinhof) in dieser Nacht zu tun hatte, war, daß ich mit meinem Kollegen Walz und einer weiblichen Beamtin – ihr Name ist mir nicht bekannt – die Essensklappe geöffnet habe.«(15)

Am 17./18. Oktober 1977 hatte nach Aussagen vor dem Stutgarter Landtag lediglich ein aushilfsweise eingesetzter Assistent im 7. Stock Dienst.

Auffallend ist, daß sowohl in der Nacht vom 8. auf den 9. Mai 76, wie auch in der Nacht vom 17. auf den 18. Oktober 77 Renate Frede im 7. Stock der JVA Stuttgart-Stammheim Wache hielt. [nein, also wirklich, das ist doch schon fast peinlich! Wer von uns glaubt denn noch an solchen Zufall!! Eine Aushilfskraft arbeitet in dem hoch-heiligen Hochsicherheitstrakt in der Nacht, als Ulrike stirbt, und die gleiche Aushilfe arbeitet dort gerade in der Nacht als Andreas Baader, Gudrun Ensslin und Jan-Carl Raspe sterben. Anm. des Hrsg. des Buches „Die Macht 1“].

Am 17./18.10.77 ist Frau Frede zur Bewachung u. a. von Verena Becker auf der anderen Seite des Traktes eingesetzt und ist auch bei der Zellenöffnung von Andreas Baader, Gudrun Ensslin, Jan-Carl Raspe und Irmgard Möller anwesend.(16)

5. Welche Möglichkeiten gibt es, um in die Zellen zu gelangen?

Die Nachtwache vom 8./9. Mai 1976 verfügte nicht über einen Zellenschlüssel. Kontaktaufnahme zu den Gefangenen ist für das Nachtpersonal nur durch die Essensklappe möglich. Nur für Notfälle ist in einem durch eine Alarmanlage gesicherten Metallkasten ein Sicherheitsschlüssel, mit dem die Zellen der Gefangenen geöffnet werden können, untergebracht.
Angabe Egenberger:
»In einem Metallkasten in dem Dienstzimmer im 7. Stock befindet sich **einer dieser** Sicherheitsschlüssel. Beim Öffnen des Metallkastens wird jedoch Alarm ausgelöst. Der Kasten kann nur mit einem Durchgangsschlüssel geöffnet werden. Einen solchen Durchgangsschlüssel hat jeder Aufsichtsbeamte an seinem Schlüsselbund.«(17)
Diese Aussage bestätigt die Existenz von mehreren Schlüsseln.
Angabe Frede:
»Abends nach Feierabend wird dieser Schlüssel wieder dort abgegeben, wo er die Nacht über verschlossen aufbewahrt wird.«(18)
Aus der Staatsanwaltakte geht weder hervor, daß diese Unterschrift am 8. Mai geleistet wurde, noch, daß darüber auch Buch geführt wurde. Weiterhin gibt es keinen Beleg dafür, daß die Schlüsselübergabe regulär erfolgte.

Reaktion der Anstalt nach dem 8./9. Mai 1976:
»a) Es wird ein zweiter Sicherheitsschlüssel eingeführt, der außerhalb der Abteilung aufbewahrt wird, mit dem von einem Beamten (der nicht auf der Station ist) nach Einschluß und vor Aufschluß gesondert doppelt geschlossen wird.
D. h., die Anstalt **bestätigt** damit die Möglichkeit, daß vorher die Zelle unbemerkt betreten werden konnte.
b) Es wurde eine TV-Überwachungsanlage installiert, die **nachts** den Flur vor den Zellen der Gefangenen überwacht.«(19)
Daraus folgt, daß der Trakt nicht vom Wachraum her einsehbar war. D. h., daß die Beamten nicht unbedingt Angaben über eventuelle Vorkommnisse auf dem Flur machen können.

6. Welche Möglichkeiten gibt es, unkontrolliert in den 7. Stock der JVA Stuttgart-Stammheim zu gelangen?

Am 17. März 1977 gaben der baden-württembergische Justizminister Traugott Bender und sein Kollege vom Innenressort, Karl Schiess, der Presse bekannt, daß zweimal über den Zeitraum von mehreren Tagen hinweg Gespräche zwischen Verteidigern und den Gefangenen unter Zuhilfenahme technischer Einrichtungen, die nicht bezeichnet wurden, abgehört worden wären.(20) Wie schon im Fall Traube(21) war der Bundesnachrichtendienst (der Auslandsgeheimdienst der BRD) an der Abhöraktion beteiligt. Der Verfassungsschutz hatte eine Amtshilfe wegen zu großer Schwierigkeiten in der Durchführung abgelehnt.
Seit dieser Abhöraffäre in Stammheim ist bekannt, daß es zu dem Sondertrakt im 7. Stock unkontrollierten Zugang gibt, der direkt

neben der damaligen Zelle von Ulrike Meinhof in den Umschlußraum führt.
Die Aussagen der Gefangenen und ihrer Verteidiger, die schon früher auf diesen Zugang aufmerksam machten, wurden von offizieller Seite unterdrückt. Auf der Pressekonferenz vom 19.10.77 erklärte Rechtsanwalt Schily:
»... uns hat immer bereits die Tatsache zu denken gegeben, daß zu diesem Sondertrakt im 7. Stock es einen separaten Zugang gibt, von dem man uns bis heute nicht verraten hat, was das mit diesem Zugang für eine Bewandnis hat. ... Wir wissen aber aus der Vergangenheit, obwohl ich den Unterschied gewiß nicht verkenne, aber wir wissen immerhin soviel, daß anläßlich dieser Abhöraffäre, dieser illegalen Abhörmaßnahme, sicher auch die Geheimdienste, die in diesem Land tätig sind, sich Zutritt zu diesem Gefängnis verschaffen konnten, sodaß es nicht außerhalb des Denkbaren liegt, daß auch von dieser Seite Aktionen dieser Art veranstaltet worden sind.«(22)
Erst nach den Ereignissen vom 18.10.77 sahen sich die Medien gezwungen, die Existenz des Geheimzugangs offiziell zur Kenntnis zu nehmen. Die »Frankfurter Rundschau« vom 4.11.77 schrieb dazu:
»Bei einer Ortsbesichtigung des Zellentraktes im 7. Stock der Vollzugsanstalt, in dem die Terroristen inhaftiert waren, entdeckten die baden-württembergischen Landtagsabgeordneten eine zweite Tür, die direkt vom »Umschlußraum«, wo sich die Gefangenen treffen konnten, in den Gefängnishof führt. **Es handelt sich um die Tür zu einer Feuertreppe mit Türen zu jedem Stockwerk, die allerdings von innen gar nicht und von außen nur mit einem besonderen Schlüssel geöffnet werden können.**

Sollte diese Tür zum 7. Stock doch geöffnet werden, so schrillt eine Alarmanlage, die aber – wie eingeräumt wurde – auch abgestellt werden kann. Die Tür zur Feuertreppe, die in den Zellenflur, der auch als »Umschlußraum« diente, mündet, konnte nicht vom normalen Wachraum eingesehen werden, in dem sich das Wachpersonal auch während der Nacht zum 18.10. aufhielt. Bisher war immer versichert worden, es gäbe nur einen Zugang zum 7. Stock.«(23)

Das heißt, daß – wie die Gefangenen schon früher erklärt haben – Beamte des BKA, des BND und der Geheimdienste ständig unkontrolliert und unbemerkt Zugang zu den Zellen hatten.

Anmerkungen:

1) Ingrid Schubert bestätigte, daß alle Anstaltshandtücher gleich groß sind.

2) »Fakten zum Vorwurf 'Mord'«, konkret 9/76, S. 9 f

* Regierungsdirektor, stellvertretender Leiter der JVA Stammheim.

** Regierungsmedizinaldirektor, Gefängnisarzt in der JVA Stammheim.

3) Aus den Materialien des Internationalen Komitees zur Verteidigung politischer Gefangener in Westeuropa

4) ebenda

5) Staatsanwaltakte, Vernehmungsprotokoll vom 9.5.1976, Schreiben der Landespolizeidirektion Stuttgart II an die Staatsanwaltschaft Stuttgart

6) Staatsanwaltakte, Schreiben des Kriminalhauptkommissars Vinnai, vom 25. Mai 1976 an das BKA – KTI –, Wiesbaden

7) Staatsanwaltsakte, Schreiben des BKA an das LKA Baden-Württemberg vom 10.6.1976

8) »Fakten zum Vorwurf 'Mord'«, konkret 9/76, s. 9f

9) Staatsanwaltsakte, Vernehmungsprotokoll der Kriminalpolizei, Dienststelle 1, Stuttgart vom 11.5.1976

10) Urteil des OLG Karlsruhe, – 14. Zivilsenat in Freiburg – vom 11. Febr. 1977, Aktenzeichen 14 U 136/76, 20 395/76

11) Staatsanwaltakte, Vernehmungsprotokoll der Zeugin Renate Frede; Schreiben der Kriminalpolizei vom 12. Mai 1976; Hervorhebung hinzugefügt.

12) Staatsanwaltsakte, Vernehmungsprotokoll des Zeugen Dieter Egenberger; Schreiben der Kriminalpolizei vom 12.5.76; Hervorhebung hinzugefügt.

13) Nacht, nach der A. Baader, G. Ensslin und J.-C. Raspe in Stammheim tot aufgefunden worden sind.

14) Frankfurter Allgemeine Zeitung vom 11. November 1977; vgl. »DIE ZEIT« vom 6.1.78; (zu den Ereignissen am 18. Oktober 1977): Nur zu fünft dürften sich die Justizbeamten um 23 Uhr den Zellen nähern: dem Wächter Springer, den beiden Beamten der Innenwache und dem Sanitäter schließt sich die Beamtin Renate Frede an, die in dieser Nacht auch noch für die 8 Frauen auf der anderen Seite, u. a. Verena Becker verantwortlich ist.«

15) Staatsanwaltakte; Zeugenaussage Egenberger

16) Vgl.: »DIE ZEIT« vom 6. Januar 1978: »Um 7.41 Uhr öffnete Stoll das normale Schloß an Raspes Tür. Den beiden Beamten wurde etwas seltsam zumute, weil der Gefangene nicht wie sonst an der Tür stand. Ihre Kollegen – Miesterfeldt, Frau Frede, der Justizassistent Ernst Hermann – blieben ein paar Schritte zurück ...«

17) Staatsanwaltsakte; Vernehmungsprotokoll des Zeugen Dieter Egenberger; Schreiben der Kriminalpolizei vom 12.5.76

18) Staatsanwaltsakte; Vernehmungsprotokoll der Zeugin Renate Frede; Schreiben der Kriminalpolizei vom 12.5.76

19) Aussagen der Gefangenen

20) »In der Strafsache gegen Andreas Baader, Ulrike Meinhof, Jan-Carl Raspe, Gudrun Ensslin wegen Mordes u. a., 'Dokumente aus dem Prozeß'«. Herausgeber Ulf Stuberger, Syndikat Verlag, 1977. S. 233

22) Tonbandprotokoll der Pressekonferenz vom 19.10.77, Bonn

23) Hervorhebung hinzugefügt.

IV. Verhinderung der Aufklärung

1. Präjudizierung des Ermittlungsergebnisses

upi-Meldung vom 9.5.76, **9.20 h:**
»Der Justizminister hat mitgeteilt, daß sie »Selbstmord durch Erhängen« verübt habe.«
Damit erfolgte durch das Justizministerium eine Festlegung auf die Selbstmordthese, noch bevor die ersten Untersuchungsergebnisse überhaupt eingegangen sein konnten.
dpa-Meldung vom 9.5.76, **12.40 h:**
»Wie die dpa zuverlässig erfuhr, ist die gerichtsmedizinische Obduktion noch nicht abgeschlossen.«
Auch die Kriminalpolizei legte den Tatbestand eindeutig fest:
»Nach dem Ergebnis der Obduktion liegt zweifelsfrei ein Tod durch Strangulation vor. Die festgestellten Befunde entsprechen auch dem objektiven Tatbefund. Anhaltspunkte für ein Fremdverschulden haben die Ermittlungen nicht ergeben.«(1)
Der gesamte Schriftverkehr der Kripo zum **Todesermittlungsverfahren** läuft in diesem Sinne unter der Rubrik: »betr.: Selbstmord durch Erhängen«.(2)
Entsprechend der Linie dieser Präjudizierungslogik wurde das staatsanwaltliche Ermittlungsverfahren bereits am 10.6.76 eingestellt – zu einem Zeitpunkt, als noch wesentliche Untersuchungsbefunde, beispielsweise die daktyloskopische Auswertung der Fingerspuren an der Glühbirne – fehlten.(3)
»Bereits zu Beginn der in der Vollzugsanstalt Stuttgart am 9. Mai 1976 aufgenommenen Untersuchung der näheren Umstände des Todes der Strafgefangenen Ulrike Meinhof, die am 9.5.1976 um

7.34 h erhängt am Drahtgeflecht ihres Zellenfensters aufgefunden wurde, haben sich keinerlei Anhaltspunkte für eine strafrechtlich relevante Verursachung des Todes von Ulrike Meinhof durch dritte Personen ergeben.«(4)
Dazu eine Parallele:
Bender auf der Pressekonferenz am 18.10.77 zum Tod der Gefangenen in Stammheim:
»Womit sich [!] die Gefangene Ensslin erhängt [!] hat, ist noch nicht bekannt. Hierzu wird die Leichenschau, von der ich annehme, daß sie zur Stunde in Gange ist, näheren Aufschluß geben.«(5)
Auch hier wurde **vor** jeder Ermittlung eine apodiktische Erklärung zur Todesursache abgegeben.

2. Zur Ermittlungsarbeit der Staatsanwaltschaft

Abgesehen von der Tatsache, daß die Staatsanwaltschaft die Möglichkeit einer Fremdeinwirkung von vornherein ausschloß und in dieser Richtung erst gar nicht recherchierte, fehlen weitere wichtige Ermittlungsergebnisse.
Professor Mallach vom Institut für gerichtliche Medizin der Universität Tübingen kommt in seinem chemisch-toxikologischen Gutachten vom 29.5.76 zu folgender Beurteilung:
»Nach dem Ergebnis der chemisch-toxikologischen Untersuchungen steht nunmehr fest, daß die 41 Jahre alte Ulrike Meinhof nicht unter dem Einfluß stark wirksamer Arzneistoffe, insbesondere Schlaf- oder Betäubungsmittel oder Drogen, gestanden hat.«(6)

Diese Aussage muß durch die Unvollständigkeit seiner Untersuchungen in Frage gestellt werden:
Bei den angewandten Methoden wurden folgende Substanzen nicht erfaßt: anorganische Verbindungen, tierische und pflanzliche Giftstoffe, die meisten Pflanzenschutz- und Schädlingsbekämpfungsmittel sowie viele als Pharmaka nicht verwendete organische Verbindungen. Die wesentliche Frage, ob Ulrike Meinhof vor ihrem Tod unter dem Einfluß willensbeeinträchtigender oder narkotisierender Wirkstoffe gestanden hat, konnte so nicht beantwortet werden. Die entscheidende Bedeutung dieses Punktes – zumal nach Veröffentlichung der Turner-Papiere(7) – wird auf dem Hintergrund der Aussage von Irmgard Möller zur Nacht auf den 18.10.77 deutlich:
»Ihre letzte Wahrnehmung vor Eintritt von Bewußtlosigkeit waren zwei Knallgeräusche und ein quietschendes Geräusch. Das war Dienstag, 18.10.77, um ungefähr 4.30 Uhr. Die Verletzungsvorgänge hat sie nicht bei Bewußtsein erlebt.«(8)
Derselbe Prof. Mallach kam dazu als Sachverständiger zu der denkwürdigen Stellungnahme:
»... nein, nein, da geht's nur um die Frage, haben sie unter Arzneimitteln gestanden, unter Rauschmitteln usw., nicht.« Frage: »Unter Drogen? Ja, genau, auch das, also Rauschmittel, Betäubungsmittel.« Frage: »Es wurde ja schon gesagt, daß es keine gäbe« ... »ja, also na soweit ich das ... ja, ja, ich möchte sagen, keine wesentlichen ... sie haben schon sicherlich was an Arzneimitteln bekommen, also ...«(9)
Für die Verschleierungspolitik der staatsanwaltschaftlichen Ermittlungen zum Tode von Ulrike Meinhof stehen noch zwei weitere Beispiele:

1. Es liegt kein histologisches Gutachten vor.
2. Es wurde keine Histaminprobe entnommen, die laut »Spiegel« einen zweifelsfreien Befund hätte erbringen können, ob Selbstmord vorlag oder nicht.
»Entscheidende Aufklärung in solch umstrittenen Todesfällen liefert eine neue Methode der Differentialdiagnostik, mit der sich fast mühelos feststellen läßt, ob der Körper lebendig oder schon tot in die Schlinge geriet. Doch offenbar haben die Obduzenten diese Probe bei Ulrike Meinhof unterlassen – für Experten rätselhaft, speziell in so heikler Angelegenheit.
Bei diesem Test asserviert der Obduzent zwei Stückchen aus der Halshaut – eines aus der Druckstelle, der sogenannten Strangmarke, das andere aus einer unverletzten Zone. An beiden Hautteilen wird dann der Histamin-Spiegel gemessen, ein Gewebshormon. Da nur lebende Hautzellen bei Reizungen oder Verletzungen im Übermaß Histamin ausschütten, läßt sich schon damit beweisen, ob jemand beim Aufhängen tot oder lebendig war.«(10)

3. Spurverwischung

a) Obduktion

Der von der Bundesanwaltschaft beauftragte gerichtsmedizinische Pathologe Prof. Rauschke führte die Obduktion in einer Weise durch, die es dem Nachobduzenten unmöglich machte, zu einer genauen Feststellung der Todesursache zu kommen. Selbst eine 14 cm lange Kaiserschnittnarbe war nicht mehr zu finden. Gegenüber dem Nachobduzenten wurde Prof. Rauschke zusätzlich ein Aussageverbot erteilt. Rauschke hatte sich in Verfahren gegen die RAF bereits zweimal empfohlen:

- Am 4.5.1975 übersah er bei der Obduktion von Siegfried Hausner die Schädelverletzungen, die der Anstaltsarzt festgestellt hatte und die er für die Todesursache hielt. Mittlerweile wurde bekannt, daß die Schädelverletzungen durch Kolbenhiebe der Polizei bei der Verhaftung Siegfried Hausners vor der deutschen Botschaft in Stockholm entstanden waren;
- Am 19.6.1975 behauptete Prof. Rauschke in der Hauptverhandlung im Stammheimer Prozeß unter Eid uneingeschränkte Verhandlungsfähigkeit der 4 Angeklagten, ohne sie untersucht zu haben – eine Feststellung, die die Gutachten der vom Gericht bestellten Internisten und Neurologen später widerlegten.

b) Zellenrenovierung

Bereits zwei Tage nach dem Tode von Ulrike Meinhof wurde ihre Zelle völlig neu gestrichen, ohne daß hierfür ein erkennbarer Grund vorgelegen hätte. Auffallen muß, daß selbst das Fenster mit dem Maschengitter dick zugestrichen wurde, was nach Aussagen der Gefangenen sonst nicht üblich war. Jede möglicherweise noch

vorhandene Spur wurde so getilgt, bevor einer der Angehörigen, Anwälte oder Gefangenen die Zelle betreten konnte.
Parallele:
Unmittelbar nach dem Tod der Stammheimer Gefangenen am 18.10.1977 wurden in ihren Zellen »... sämtliche Fußleisten entfernt und die Türfüllungen herausgenommen ...« und »... die vergipsten Stellen in den Wänden teilweise aufgeschlagen ...«(11)

4. Verhinderung von Öffentlichkeit

a) Obduktion

Die Obduktion wurde als Schnellverfahren durchgeführt, so daß weder unabhängige Zeugen noch Vertrauenspersonen von Ulrike Meinhof eine Kontrolle ausüben konnten.
»Weder die Gefangenen noch die Schwester von Ulrike noch ein Anwalt können die Leiche sehen. Als um 10 Uhr 45 bekannt wird, daß Rechtsanwalt Arndt Müller kommt, wird die Leiche weggeschaft ohne Verständigung der Angehörigen oder Anwälte, wohin und was gemacht wird – Anordnung der Obduktion durch Staatsanwalt Heissler – der so verhindert, daß ein unabhängiger Pathologe bei der Obduktion anwesend ist.« (Aus den Mitteilungen der Gefangenen)

b) Zellendurchsuchung

Das gleiche Vorgehen zeigt die Zellendurchsuchung vom 10.5.76 auf.
»Rechtsanwalt Croissant als Testamentvollstrecker von Ulrike Meinhof sowie deren Schwester hatten gegenüber Staatsanwalt

Dr. Heissler und dem Leiter der Vollzugsanstalt Regierungsdirektor Nusser darauf bestanden, bei der Durchsuchung anwesend zu sein.
Damit war Staatsanwalt Dr. Heissler einverstanden. Als sich Rechtsanwalt Dr. Croissant in Begleitung der Schwester von Ulrike Meinhof zur vorgesehenen Zeit um 9 Uhr 30 im Stuttgarter Gefängnis einfand, wurden jedoch weder er noch die Schwester von Ulrike Meinhof in den 7. Stock zu deren Zelle vorgelassen. Rechtsanwalt Croissant wurde von Staatsanwalt Heissler zunächst noch erklärt, der Leiter des Gefängnisses und das ihm übergeordnete Justizministerium lasse ihn nicht zur Zelle von Ulrike Meinhof in den 7. Stock, er habe Hausverbot. Darauf erklärte Staatsanwalt Heissler, er habe als »Herr des Ermittlungsverfahrens« entschieden, daß Rechtsanwalt Croissant und die Schwester von Ulrike Meinhof der Durchsuchung entgegen seiner zuvor gegebenen Zusage **nicht** beiwohnen können. Er fügte noch hinzu, die Anwesenheit eines Verteidigers von Ulrike Meinhof, Rechtsanwalt Oberwinders, sei ausreichend. Entgegen den Angaben von Staatsanwalt Heissler durfte aber auch Rechtsanwalt Oberwinder an der Durchsuchung nicht teilnehmen. Von den Beamten der Staatsschutzabteilung des LKA wurde ihm das Betreten der Zelle verwehrt. Er mußte draußen auf dem Flur warten. Eine Besichtigung der Zelle war ihm ebenso unmöglich wie eine Beobachtung der Staatsschutzbeamten und der Verrichtungen während der Durchsuchung der Zelle.«(12)

c) Kontrolle durch unabhängige Gremien

Zur Forderung der Schwester und der Anwälte von Ulrike Meinhof nach Einsetzung eines unabhängigen internationalen Untersuchungsausschußes erklärte der baden-württembergische Justizminister Bender kategorisch: »Die Untersuchung des Todesfalles liegt in der Hand der zuständigen Staatsanwaltschaft und des zuständigen Gerichts. Für irgendwelche internationalen Gremien ist weder Anlaß noch Raum.«(13)

Parallelen:
zu a) Um keinen Zweifel an der Korrektheit des Obduktionshergangs an Andreas Baader, Gudrun Ensslin und Jan-Carl Raspe zu lassen, beschloß das Kabinett am 18.10.77, neben den Anwälten der Gefangenen international anerkannte Kapazitäten sowie ein Mitglied der Gefangenenhilfsorganisation amnesty international zur Obduktion hinzuzuziehen. Anwesend waren bei der Leichenöffnung die Ärzte Prof. Holczarbeck, Wien, und Prof. Hartmann, Zürich, die jedoch nur als Zuschauer und nicht als Mitobduzenten teilnahmen, daher auch kein eigenes Obduktionsergebnis vorlegen konnten. Daß ai der Obduktion fernblieb, erklärt sich daraus, daß ihre Bitte um Verschiebung der Leichenöffnung um einige Stunden vom baden-württembergischen Justizministerium abgelehnt wurde. Danach war es, wie der Geschäftsführer der deutschen Sektion von ai, Bruno Thiesbrummel, am 22.6.77 in Bonn erklärte, nicht möglich, die von ai benannten dänischen Gerichtsmediziner rechtzeitig nach Stuttgart zu bringen, um sie an der Leichenöffnung teilnehmen zu lassen.

zu b) »Weswegen Zellenuntersuchungen ohne neutrale Zeugen oder Rechtsanwälte, Zellenuntersuchungen welche angeblich Kopfhörer, Radios, Morseapparate, Plastikmassen, Sprengstoff, und warum nicht auch Atombomben etc., etc. zutage fördern?«(14)

zu c) Die Zusicherung der staatlichen Behörden, internationale Kapazitäten – gerade auch aus Ländern, die der Bundesrepublik kritisch gegenüberstehen – in die Untersuchung zu den Todesfällen in Stammheim vom 18.10.77 einzubeziehen, wurde nicht eingehalten. Statt dessen konstituierte sich ein parlamentarischer Untersuchungsausschuß des Landtages von Baden-Württemberg, der seinen Anspruch ausdrücklich darauf beschränkte, die politischen Verantwortlichkeiten zu klären, da die kriminalistische Erhellung des Geschehenen nicht in seinen Kompetenzbereich fiele. Ein Ausschuß, zu dem selbst der »Frankfurter Rundschau« nichts anderes mehr einfiel, als zu schreiben: »Vor dem parlamentarischen Untersuchungsausschuß, so spöttelten Politiker im baden-württembergischen Landtag, marschieren drei Sorten von Zeugen auf: solche, die nichts wissen, solche, die nichts wissen dürfen und solche, die keine Aussagegenehmigung haben.«(15) Die staatsanwaltlichen Ermittlungen zum Tode von Ulrike Meinhof konnten keine Antworten geben, weil keine Fragen gestellt wurden. Die staatlichen Ermittlungen zum Tode der Gefangenen in Stammheim könnte nichts klären, weil jede Antwort nur neue Fragen offenlegt.

5. Verhaftungen

Mit der Geheimhaltungstaktik der Staatsanwaltschaft in dem Todesermittlungsverfahren korrespondiert die Ausschaltung derjeni-

gen Personen, die die Widersprüche der Selbstmordversion publik machten.
Der an die Bundesanwaltschaft herangezogene Staatsanwalt Heissler ließ Rechtsanwalt Croissant, den Testamentsvollstrecker von Ulrike Meinhof, verhaften. Croissant hatte mitgeteilt, daß die Widersprüche und Indizien in den Todesermittlungsakten, die die Selbstmordversion von Staatsanwalt Heissler widerlegen, einer internationalen Untersuchungskommission aus Juristen, Ärzten und Schriftstellern vorgelegt würden. Die drei Verteidiger Croissants, die Rechtsanwälte Schily, Heldmann und Temming, wurden, nachdem sich die Bundesanwaltschaft eingeschaltet hatte, vom Verfahren ausgeschlossen. Sie hätten sonst ihre Verteidigermandate im Stammheimer Prozeß niederlegen müssen.

Parallele:
In den Zeitabschnitt unmittelbar nach dem Tod der Stammheimer Gefangenen fällt die Zerschlagung des Stuttgarter Büros und damit der deutschen Sektion des IVK durch eine Welle von Durchsuchungen, durch die Verhaftung der Anwälte und Büromitarbeiter und durch die Auslieferung von Rechtsanwalt Klaus Croissant an die Bundesrepublik Deutschland am 16. Nov. 1977. Klaus Croissant hatte in Frankreich um politisches Asyl ersucht.

6. Konstruktion des Selbstmordmotivs

Zur Abstützung der Selbstmordthese lancierte die Bundesanwaltschaft Meldungen über angebliche Spannungen zwischen den Gefangenen, die als Selbstmordmotiv Ulrike Meinhofs fungieren sollten. Bereits wenige Stunden nach dem Tod Ulrike Meinhofs ließ die Bundesanwaltschaft eine Pressemitteilung verbreiten, die bis in die Wortwahl mit Meldungen aus dem Jahre 1972 übereinstimmten!

dpa-Meldung vom 9.5.1976, Karlsruhe/Bonn:

Zwischen Ulrike Meinhof und den übrigen Angeklagten im Stuttgarter Anarchistenprozeß bestanden nach den Erkenntnissen der Bundesanwaltschaft bereits Wochen vor dem Selbstmord der 41jährigen »gewisse Spannungen«. Bundesanwalt Felix Kaul reagierte mit dieser Feststellung am Sonntag auf Informationen der in Bonn erscheinenden Tageszeitung »Die Welt«, die unter Berufung auf vertrauliche Angaben der Sicherheitsbehörden von »tiefgreifenden Auseinandersetzungen« zwischen Ulrike Meinhof, Andreas Baader, Jan-Carl Raspe und Gudrun Ensslin ... sprach. Kaul sprach in diesem Zusammenhang von einer »gewissen Entfremdung« zwischen Ulrike Meinhof und Andreas Baader. Nach einem Kommentar der »Welt«, den die Zeitung der dpa übermittelte, fühlte sich Ulrike Meinhof zunehmend isoliert und bei der Vorbereitung der Erklärung Gudrun Ensslins im Prozeß übergangen, die Bombenanschläge im Mai 1972 gingen auf das Konto der RAF.«

Bis zum Zeitpunkt dieser Meldung konnten weder vom Justizministerium, noch von der Staatsanwaltschaft, noch von der Anstaltsleitung Erklärungen gegeben werden, warum hier ein Selbstmord vorläge.

...

Beide sagten, daß sie dies auch gar nicht gekonnt hätte, da diese »Spannungen« nie existiert hätten.

Auch dem baden-württembergischen Justizminister war davon nichts bekannt. So erklärte Bender auf der Pressekonferenz am 10.5.1976: »Selbst wenn es so ist, daß von Spannungen gesprochen werden kann und wenn von Spannungen gesprochen wurde, dann weiß ich nicht, was ich dazu erklären soll. Ich meine, die Sache wäre dann für uns relevant, wenn aus diesen ... Spannungen sich Rückschlüße auf den Freitod erlauben würden.
Wir sehen hier aber keine Logik und Zusammenhang. Denn wenn die Spannungen da waren, und soweit sie da waren, waren sie sicher schon älter und länger zurückliegender Natur und haben ja bisher auch nicht zu der Reaktion geführt, mit der wir uns heute beschäftigen. Ich sehe den logischen Zusammenhang zwischen den möglichen Spannungen, von denen gesprochen worden ist, und dem, was uns heute beschäftigt, nicht ...«(16)
Die Meldungen der Bundesanwaltschaft gaben die Richtung der weiteren Ermittlungen an:
Bis zu diesem Zeitpunkt waren Beamte der JVA nicht auf Spannungen innerhalb der Gruppe hin befragt worden.
Renate Frede hatte in ihrer ersten Aussage sogar noch erklärt: »Zu dem erwähnten Zeitpunkt zeigte sich Frau Meinhof wie jeden Tag unauffällig ...«(17)
Im Widerspruch dazu behauptet sie nun:
»In letzter Zeit ist mir oft aufgefallen, daß Frau Meinhof sehr durcheinander und vergeßlich war. Sie ist zum Beispiel öfters aus der Zelle herausgekommen, hat sich dabei mit der Hand an den Kopf gefaßt und ist wieder zurückgegangen, da sie irgendetwas vergessen hatte. Auch ist mir aufgefallen, daß sie in letzter Zeit nicht oft beim gemeinsamen Hofgang dabei war. Meiner persönlichen Meinung nach hat sie sich etwas abgesondert. Beim Um-

schluß habe ich in letzter Zeit bemerkt, daß sie von Andreas Baader des öfteren angeschrien wurde...«(18)

Zu den letzten Aufzeichnungen

Am 12.5.76 »glaubt die Staatsanwaltschaft, eine Antwort gefunden zu haben. Sie teilt mit, es seien 'Maschinen- und handschriftliche Papiere sichergestellt worden, aus denen sich Anhaltspunkte dafür ergaben, daß zwischen Ulrike Meinhof und ihren Mitgefangenen, vor allem Gudrun Ensslin, Meinungsverschiedenheiten ideologischer, möglicherweise sogar persönlicher Art' bestanden. Und ein Stammheimer Beamter bestätigte: »Frau Meinhof ist in den letzten Wochen von ihren Mitgefangenen oft provoziert worden. So hat sie beispielsweise häufig nachts Texte gefertigt und diese am nächsten Tag Andreas Baader gegeben. Der sagte nur »Scheiße« und zerriß die Aufzeichnungen.«(19)
Hierauf folgte die Einstellung der Ermittlungsverfahren durch Staatsanwalt Heissler, weil der Selbstmord »zweifelsfrei« vorläge. »Aus vorgefundenen Zellenzirkularen ergibt sich jedoch, daß zwischen ihr und ihren Mitgefangenen – wie dies schon in der Vergangenheit bekannt war – auch in jüngster Zeit offenbar tiefgreifende Meinungsverschiedenheiten sachlicher und persönlicher Art bestanden haben, die bei Ulrike Meinhof möglicherweise eine ihren Freitod mitbestimmende Resignation und Depression hervorgerufen haben.«(20)
Dagegen meldete Reuter noch am 9.5.976 um 11.04 h:
»Staatsanwalt Heissler sagt gegenüber Reuter, daß Ulrike Meinhof nicht einen einzige Hinweis gegeben hätte, daß sie versuchen

würde, sich das Leben zu nehmen ...« Heissler bedauerte, daß keine letzten Aufzeichnungen hinterlassen worden wären. So fiel ihm nur die inhaltliche Wiedergabe der Meldung der Bundesanwaltschaft vom 9. Mai 1976 ein, deren Aussage identisch ist mit einer Falschmeldung der »Stuttgarter Zeitung« vom 14.4.1972(!) Ulrike Meinhof habe sich nach grundlegenden Meinungsverschiedenheiten von den übrigen Gruppenmitgliedern getrennt, politisch resigniert und in völliger Isolation Schluß gemacht.«

Wir wissen, daß Ulrike Meinhof in den letzten Monaten vor ihrem Tode insbesondere an folgenden Themen gearbeitet hat: Russische Oktoberrevolution, Dritte Internationale, Geschichte der BRD, Geschichte der SPD (!), Funktion der BRD in der imperialistischen Kette.

Die Beiträge zu diesen Themen hatte sie in einem schwarzen Aktendeckel aus Kunststoff aufbewahrt, den sie auch bei Besuchen mit sich trug, um die Schriftstücke vor der Einsicht durch den Staatsschutz zu schützen. Bei der Übergabe der Unterlagen an den Testamentsvollstrecker befanden sich in diesem schwarzen Kunststoffaktendeckel **keinerlei** Manuskripte, sondern lediglich wenige Gerichtsbeschlüsse und Zeitungsausschnitte.

Parallele:

Nach dem gleichen Muster wurde nach der Bekanntgabe des Todes von Gudrun Ensslin, Jan-Carl Raspe und Andreas Baader die Meinung verbreitet, die Gefangenen hätten gegenüber BKA-Beamten »Selbstmorddrohungen« geäußert. Die Herausgabe der letzten Dokumente, die allein Aufschluß über die wirklichen Gedanken der Gefangenen geben können, wurde auch hier verweigert. Die Existenz von drei Briefen an den Chef des Bundeskanzleramtes Schüler, die Gudrun Ensslin in einem Ordner abgelegt und in einem Gespräch mit den beiden Anstaltsgeistlichen noch am 17.10. ausdrücklich erwähnt hatte, wird von Regierungssprecher Bölling bestritten.

Anmerkungen:

1) Staatsanwaltsakte, Schreiben der Landespolizeidirektion Stuttgart II an die Staatsanwaltschaft vom 9.5.1976

2) ebenda

3) Die daktyloskopische Auswertung wurde erst am, 25.6.1976 der Staatsanwaltschaft seitens des Landeskriminalamtes Baden-Württemberg mitgeteilt; Staatsanwaltsakte, Schreiben des Landeskriminalamtes Baden-Württemberg an die Staatsanwaltschaft Stuttgart vom 25.6.1976

4) Staatsanwaltsakte, aus der Begründung der Einstellungsverfügung, Schreiben von Staatsanwalt Heissler vom 10.6.1976

5) Der Justizminister des Landes Baden-Württemberg, Bender, auf der Pressekonferenz vom 18.10.1977, Tonbandprotokoll

6) Staatsanwaltsakte, Schreiben von Prof. Dr. J. H. Mallach an die Staatsanwaltschaft vom 29.5.1976

7) Akte zu den Tätigkeiten des CIA während der Jahre 1949-1963, im Juli 1977 veröffentlicht, insbesondere zu den Projekten »Mind control« und »Executive Aktion«, die Experimente mit dem menschlichen Gehirn (alle mit Drogen) und die Vernichtung politischer Gegner bezeichnen.

8) Presseerklärung von Jutta Bahr-Jendges vom 25. Oktober 1977

9) id 202, 5.11.77, Interview von Max Watts mit Prof. Mallach vom 26.10.1977

10) »Der Spiegel«, 23. August 1976, S. 70

11) Mitteilung der Landesregierung von Baden-Württemberg vom 26.10.1977, S. 16
12) Aus den Dokumenten des Internationalen Komitees zur Verteidiung politischer Gefangener in Westeuropa
13) Der baden-württembergische Justizminister Bender auf der Pressekonferenz vom 10.5.1976, Tonbandprotokoll
14) Presseerklärung von Jutta-Bahr-Jendges vom 25.10.1977
15) Frankfurter Rundschau, 16.2.1977
16) Der baden-württembergische Justizminister Bender auf der Presseerklärung vom 10.5.1976, Tonbandprotokoll
17) Staatsanwaltsakte, Vernehmungsprotokoll vom 9.5.1976, Schreiben der Landespolizeidirektion Stuttgart II an die Staatsanwaltschaft Stuttgart
18) Staatsanwaltsakte, Vernehmungsprotokoll vom 11.5.1976, Schreiben der Kriminalpolizei Stuttgart, Dienststelle 1
19) »Stern« 21/22, 20.5.1976
20) Staatsanwaltsakte, aus der Begründung der Einstellungsverfügung. Schreiben von Staatsanwalt Heissler vom 10.6.1976

V. Die Logik der Vernichtung

1. Andere verdächtige Todesfälle

Vor dem Tod Ulrike Meinhofs starben drei Gefangene aus der RAF:
– Holger Meins am 9. November 1974:
Der Staatsschutz ließ ihn während eines Hungerstreiks gegen die vernichtenden Bedingungen der Isolationshaft planmäßig sterben;
– Katharina Hammerschmidt am 29. Juni 1975:
Ihre Erkrankung wurde während ihrer Haft nicht rechtzeitig behandelt;
– Siegfried Hausner am 4. Mai 1975 im Gefängnis Stuttgart-Stammheim:
Er wurde in dieses Gefängnis transportiert, schwerverletzt, obwohl die schwedischen Ärzte, die ihn behandelt hatten, einhellig davor gewarnt hatten, da eine Verlegung den Tod bedeuten würde.
Jetzt, nachdem auch Jan-Carl Raspe, Andreas Baader, Gudrun Ensslin und Ingrid Schubert in bundesdeutschen Gefängnissen zu Tode gekommen sind, gewinnen frühere Vorfälle, die sich während der Haft politischer Gefangener ereigneten, den Rang von Angriffen auf die körperliche Unversehrtheit der Gefangenen und lassen vermuten, daß der Tod dieser Häftlinge ins Auge gefaßt und in Kauf genommen wurde.
Isoliert betrachtet können folgende Ereignisse noch als vereinzelte Entgleisungen abgetan werden. Im Gesamtzusammenhang machen sie jedoch einen völlig anderen Sinn:

– Der mehrtägige Trinkwasserentzug bei Andreas Baader während des Hungerstreiks Mai/Juni 1973, der eine ärztlich nachgewiesene, schwere Nierenschädigung zur Folge hatte;
– die Einstellung der Zwangsernährung bei dem nierenkranken Andreas Baader (Anm. d. Übers.: im franz. Original steht hier irrtümlich Holger Meins; Meins starb am 9. Nov. 1974) am 4. November 1974, dem 51. Tag des Hungerstreiks;
– der Tinkwasserentzug vom 14. bis 18. Oktober 1974 bei Ronald Augustin während desselben Hungerstreiks; die Aufhebung dieser Maßnahme konnte erst nach einem Gerichtsbeschluß erreicht werden.

Die Liste dieser Maßnahmen ist unvollständig.

2. Die Vorgeschichte: Der Versuch, das Handeln Ulrike Meinhofs als individualistisch und pathologisch zu charakterisieren

Die Bundesregierung versuchte – wie Helmut Schmidt es in einer Regierungserklärung programmatisch formuliert hatte – die Gefangenen aus der RAF als Exponenten einer Fundamentalopposition in der BRD politisch und moralisch »auszutilgen«. Das Konzept zu Ulrike Meinhof war seit ihrer Zugehörigkeit zur RAF erst Individualisierung und dann Rückführung ihrer Haltung auf eine Geisteskrankheit.
Deswegen wurde Ulrike Meinhof zusätzlichen, verschärften Maßnahmen unterworfen.
...

Die Sonderstellung Ulrike Meinhofs gegenüber anderen Gefangenen aus der RAF lag in ihrer Lebensgeschichte begründet. Der Verlauf dieser Geschichte war der Öffentlichkeit zu bekannt, um verfälscht werden zu können und der Diffamierung Ulrike Meinhofs zu dienen:
Sie war Mitglied der gegen die Atombewaffnung in der BRD gerichteten Ostermarschbewegung, sie war Mitglied der verbotenen KPD. Sie besaß in ihrer Zeit als Kolumnistin der Zeitschrift »Konkret« eine wesentliche politische Autorität, und ihre moralische Integrität konnte nicht bezweifelt werden.
Ihr Bruch mit der Legalität ist aus ihrer eigenen Sicht nur als Kontinuität des Widerstandes zu erklären, er konnte nicht als moralische Verkommenheit, als Banditentum, als kriminelle Neigung dargestellt werden.

Bereits am Tag nach ihrer Verhaftung wurde Ulrike Meinhof in das Gefängnis in Köln-Ossendorf gebracht und dort in der leerstehenden frauenpsychiatrischen Abteilung, einem von der übrigen Anstalt abgetrennten Trakt, untergebracht. In dieser Abteilung war sie nicht nur vollständig sozial isoliert, sondern auch von der Wahrnehmung von Geräuschen und Stimmen abgeschnitten. Der Gefängnisleiter hat diese Tatsache in einem Schreiben vom 20.12.1972 an seinen Dienstvorgesetzten mit folgenden Worten zum Ausdruck gebracht:
»Während die Untersuchungsgefangene Astrid Proll im Männertrakt der Untersuchungsabteilung zumindest akustisch an dem Leben in dieser Anstalt teilnehmen kann, ist die Gefangene Ulrike Meinhof in ihrem Haftraum auch akustisch isoliert.«

Ulrike Meinhof wurde in dieser totalen Isolation zunächst 237 Tage – vom 15.6.72 bis zum 29.2.73 – gefangengehalten. Ein zweites Mal wurde sie dort vom 21.12.73 bis zum 3.1.74 und ein drittes Mal zusammen mit Gudrun Ensslin in der Zeit vom 5.2.74 bis zum 30.4.74 untergebracht. Der Psychologe Jarmer des Kölner Gefängnisses hat sich am 1.2.73 zu der Art der Inhaftierung von Ulrike Meinhof wie folgt geäußert:
»Die psychische Belastung für die Gefangene geht wohl erheblich über das Maß hinaus, das bei dem Vollzug der strengen Einzelhaft normalerweise unumgänglich ist. Wenn die strenge Einzelhaft für einen Gefangenen erfahrungsgemäß nur begrenzte Zeit erträglich ist, so gilt dies in besonderer Weise für die Gefangene Meinhof, da diese fast vollständig von Umweltwahrnehmungen ausgeschlossen ist.«
Höchstwahrscheinlich ging die Bundesanwaltschaft davon aus, daß Ulrike Meinhof im Toten Trakt zusammenbrechen würde.
Diesem Zusammenbruch sollte ihre Einweisung in eine Heil- und Pflegeanstalt folgen.
Durch Schreiben vom 4.1.73 an Dr. Göte, Anstaltspsychiater, forderte die Bundesanwaltschaft den Gefängnispsychiater auf, zu prüfen, ob Ulrike Meinhof – zur Vorbereitung eines Gutachtens über ihren Geisteszustand – in eine öffentliche Heil- und Pflegeanstalt gebracht werden müsse.«
Dieses Projekt der Bundesanwaltschaft wurde jedoch nicht mehr verwirklicht, da mit Beginn des 1. Hungerstreiks der Gefangenen am 17.1.73 die Isolation als Gehirnwäscheprojekt öffentlich thematisiert und kritisiert wurde.
Die Bundesanwaltschaft beschloß nunmehr Untersuchungen des Gehirns von Ulrike Meinhof. Bundesanwalt Zeiss beauftragte den

Direktor des Instituts für gerichtliche Psychologie an der Universitätsklinik in Homburg/Saar, Prof. Dr. Witter, mit der Erstellung eines fachpsychiatrischen Gutachtens. In seinem Schreiben vom 18.4.73 forderte der Bundesanwalt dazu auf, erforderliche Eingriffe unter »Angabe der für notwendig erachteten Untersuchungen« mitzuteilen.

Dieses Vorgehen stützte sich auf die falsche Behauptung, daß Ulrike Meinhof einen Gehirntumor hätte. Die Krankengeschichte Ulrike Meinhofs aus dem Jahre 1962 stellt fest, daß es sich nicht – wie die Bundesanwaltschaft in ihrem Schreiben vom 4.1.73 bewußt falsch darstellte – um einen Tumor handelte, sondern um ein Cavernom des sinus cavernosus, einem Schwamm aus stark blutgefülltem Bindegewebsräumen, wie er während der Schwangerschaft entstehen kann. Obwohl der Bundesanwaltschaft diese Diagnose bekannt war, wurden die Vorbereitungen zu diesen Untersuchungen des Gehirns von Ulrike Meinhof weiter vorangetrieben. Die Absicht, die hinter dieser Anregung steckte, wurde von Bundesanwalt Zeis offen ausgesprochen: »Wäre doch sehr peinlich, wenn sich herausstellte, daß alle diese Leute einer Verrückten nachgelaufen sind.«

Am 10.5.73 beantwortete Prof. Witter das Schreiben der Bundesanwaltschaft:

»Zur weiteren Klärung des Schädel-Hirn-Befundes wären nun folgende Untersuchungen zweckmäßig:

1. Röntgenaufnahmen des Schädels in zwei Ebenen, die eine genauere Lokalisation der Clipse und der sonstigen röntgenologisch sichtbaren Veränderungen zulassen.

2. Eine Szintigraphie des Gehirns.«

Die von Prof. Witter für zweckmäßig gehaltenen Untersuchungen wurden vom Generalbundesanwalt beim Ermittlungsrichter am Bundesgerichtshof beantragt. Durch Beschluß vom 13.7.73 erließ der Richter am Bundesgerichtshof, Knoblich, folgenden Beschluß:
»Bei der Beschuldigten Ulrike Meinhof dürfen von einem Arzt nach den Regeln der ärztlichen Kunst in der Vollzugsanstalt Röntgenaufnahmen des Schädels und eine Szintigraphie des Gehirns vorgenommen werden.
Diese Maßnahmen dürfen auch gegen den Willen der Beschuldigten, erforderlichenfalls unter Anwendung unmittelbaren Zwangs und unter Narkose, durchgeführt werden.«
...
Erst am massiven öffentlichen Protest und dem Einspruch zahlreicher Ärzte scheiterte die drohende Zwangsnarkotisierung und Manipulation am Gehirn von Ulrike Meinhof.
Nach all diesen gescheiterten Versuchen, Ulrike Meinhof physisch und psychisch zu brechen, gebot es die Logik psychologischer Kriegsführung, den ideologischen Kopf Ulrike Meinhofs abzuschlagen.

3. Selbstmord in der damaligen Prozeßsituation

Der Stammheimer Prozeß hatte der BRD im internationalen Maßstab schweren Schaden zugefügt. Die Haftbedingungen der politischen Gefangenen und die Sondergesetze zur Einschränkung der Verteidigung waren als Teil der reaktionären Entwicklung der BRD begriffen worden. Die internationale Juristenkommission in Genf hatte in ihrem, im Dezember 1975 erschienenen Bericht die

BRD neben Staaten wie Chile, Indien, Indonesien, Rhodesien und dem Spanien der Franco-Zeit gestellt wegen ihrer Gesetzgebung, die bei der Einschränkung der Verteidigerrechte ohne Beispiel im Rechtssystem sei.

...

Am 4.5.1976 hatten die Gefangenen im Stammheimer Prozeß Beweisanträge gestellt, bei deren Einarbeitung Ulrike Meinhof maßgeblich beteiligt war. Eine Linie dieser Anträge beinhaltete die Entlarvung gewisser Persönlichkeiten aus Politik und Gewerkschaft; **so wollte Ulrike Meinhof im Prozeß Beziehungen zwischen dem SPD-Vorsitzenden und ehemaligen Bundeskanzler Brandt und dem amerikanischen Geheimdienst CIA belegen und dazu auch Brandt als Zeugen laden lassen.**
Die Bundesanwaltschaft als Vertreter der Interessen der Bundesregierung wurde durch diese Anträge vor das Problem gestellt, daß ihre Absicht – Entpolitisierung des Prozesses, die 4 Jahre lang durch Isolationstortur, Hetze, Sondergesetze, Liquidierung der Verteidigung etc. vorbereitet worden war – öffentlich durchkreuzt worden wäre. Die Unterdrückung der politischen Inhalte und die reibungslose Aburteilung der RAF-Gefangenen schien in Frage gestellt. Es wurde klar, daß die Konfrontation an diesem Punkt des Prozesses ihren Höhepunkt erreicht hätte.

4. Psychologische Kriegsführung nach dem Selbstmord

Der Selbstmord von Ulrike Meinhof kann als die notwendige Eskalation interpretiert werden, als allerletzter Ausweg des gescheiterten Versuchs, sie psychisch und physisch zu brechen, um gerade an ihr Sinnlosigkeit und Pathologie bewaffneten Widerstands demonstrieren zu können. Der Leiter des Landesamtes für Verfassungsschutz in Hamburg, Horchem, äußerte sich auf einer Tagung im Mai 1975 über das Konzept, die Köpfe abzuschlagen

...

Es ist möglich, daß der Tod Ulrike Meinhofs sich einordnet in das Konzept einer geheimdienstlich strukturierten Strategie zur Bekämpfung der RAF. Wenn dies der Fall wäre, dann hätte ihr Selbstmord die Funktion, jedem deutlich zu machen, daß ihre Politik und die der RAF gescheitert sei, daß sie durch den Selbstmord selbst ihr Scheitern eingestanden habe. Unmittelbar nach dem Tod Ulrike Meinhofs setzte eine Welle von Falschmeldungen und Propaganda ein, von den Staatsschutzbehörden in die Medien lanciert.

Kaul, ein Bundesanwalt, der mit dem Verfahren gegen die Stammheimer Gefangenen nichts zu tun hatte, sprach 2 Stunden nach dem Bekanntwerden des Todes von Ulrike Meinhof gegenüber der Presse von »Spannungen innerhalb der Gruppe«. Briefe von Ulrike Meinhof – vorgeblich aus ihrem Nachlaß – sollten dies beweisen. Später stellte sich dann heraus, daß diese Briefe nicht nach ihrem Tod gefunden worden waren, sondern aus Beschlagnahmungen bei Zellendurchsuchungen von 1973 bis 1975 stammten. Die Briefe wurden am Nachmittag des 10. Mai einem Journalisten während der Justizpressekonferenz in Karlsruhe zugespielt und nach dem Druckerstreik im Rahmen einer vorbereiteten Kampagne in den überregionalen Tageszeitungen der Frankfurter Rundschau, der Süddeutschen Zeitung, der Welt, der Hamburger Morgenpost und später im Stern plaziert. Generalbundesanwalt

Buback nannte das »offensive Information ... es kommt darauf an, wie, wann und welche Informationen weitergegeben werden.« (FAZ, 22.2.75)

Im Beitrag, der in der Frankfurter Rundschau abgedruck wurde und die Selbstmordthese untermauern sollte, wurden nur Fragmente herangezogen – allein aus dem Nachlaß Ulrike Meinhofs existieren 1200 Briefe, Protokolle etc., – weil die Briefe in der authentischen, d. h. ungekürzten und nicht aus dem Zusammenhang gerissenen Fassung, das Gegenteil von dem beweisen, was der Staatsschutz suggerieren wollte.

Anhang

I. Briefe aus dem »Toten Trakt« von Ulrike Meinhof im Februar 1974 an ihre Anwälte gerichtet

II. Ablehnungsschreiben der vier medizinischen Gutachter auf die Einladung vor der Internationalen Untersuchungskommission Zeugnis abzulegen

III. Bericht Ulrike Meinhofs vom 7. Mai 1976 über ein Gespräch

(I) »... Was tun? Anzeige erstatten wegen Körperverletzung, ganz klar.

Also was ich schon zich mal gesagt habe: daß mal'n paar Psychiater – und inzwischen bin ich drauf gekommen: auch Hals-Nasen-Ohren-Ärzte (also wegen der Ohren) das mal endlich fachmännisch aussagen sollen, daß die Wirkung von »Stille« dieselbe ist wie von E(lektro)-Schocks. Also die selbe Sorte von Verletzungen, Verwüstungen bewirkt, im Gleichgewichtsorgan und im Gehirn. Das ist alles überhaupt keine Frage mehr, daß es so ist. (...)

Also Anzeige plus Gutachten – was zu dem ganzen Problem »Stille Abteilung« einfach mal her muß.

PS: kann sowieso sein, daß die Ohrenärzte zu der ganzen Isolationsscheiße was zu sagen haben.

Gibt's ja auch die Geräuschglocke, wo Jan (Raspe) drin sitzt, wo ihr Argumente braucht, die Lärmhölle, wo Carmen (Roll) in

Rastatt drin saß. In China – stand neulich in der FR – wurde früher die Todesstrafe mit Lärm vollstreckt. Und eben: Irland wo die Schweinerei systematisiert ist.«
25.Febraur 1974

(II) »... Also ganz klar: wir müssen hier raus! Schnell. Sofort. Lieber gestern als heute. Eben in ein belegtes Hafthaus, wo man was hört. Also da gibt's den Unterschied, daß ich zum dritten mal drin sitze und Gudrun (Ensslin) erst neuerdings – bei mir also ganze Batterien von Sicherungen durchgeknallt sind, die sie noch hat. Bloß: die Sache jetzt so dringend machen, noch dringender, als bisher – ist nicht ‘ne Stimmung oder sowas. Die Stromstöße, die bei mir voll durchzischen kriegt sie genauso ab. Die Stille ist ‘ne physikalische Tatsache.
Wenn Bundesanwaltschaft, Chefbulle hier und Sicherungsgruppe nicht gerade entschlossen sind, uns noch vorm Prozeß umzubringen, muß die Verlegung durchsetzbar sein – und wenn sie's sind: erst recht. – Nochmal gegen den Chefbullen hier (Bücker) Anzeige wegen Körperverletzung wär schon das richtige (...).«
26. Februar 1974

(Anm. d. Übers.: Brücker, Gefängnisdirektor in der JVA-Köln-Ossendorf)

(III) »... Ein Moment, ein wichtiges, in dem Gehirnwäscheprogramm, ist, daß man in einen bestimmten Zustand versetzt wird, wo einem die Kausalität zwischen Mittel und Symptomatik nicht

klar ist, bzw. die ausgeklügelte Kombination, das Zusammenwirken der Mittel und dem, was mit einem passiert, nicht. Wobei man geradezu sagen kann: je unsichtbarer, schwerer wahrnehmbar das Mittel, umso schärfer ist es.
Etwas, was man nicht wahrnehmen kann, damit kann man sich auch nicht auseinandersetzen, heißt: umso weniger dagegen wehren. Ich weiß wirklich, warum ich in Berlin gesagt habe, der Trakt sei der Versuch, einen Selbstmord zu **erpressen.** Weil »die ganze Widerstandsenergie in der absoluten, absolut nicht wahrnehmbaren Stille schließlich kein anderes Objekt hat, als einen Selbst. Da man die Stille nicht bekämpfen kann, kann man nur das bekämpfen, was mit einem, an einem selbst passiert – schließlich bekämpft man nur noch sich. Darauf zielt der Trakt: auf die Selbstvernichtung schließlich, der Gefangenen. Das heißt: noch der Widerstand wird in dieser Folter von den Folterern instrumentalisiert.

Aber er wird auch dann noch, wenn der Inhalt des Widerstandes ist: aushalten. Dann fetzt er auf der Ebene an einem rum. Der Zusammenbruch ist das schlimmste, weil er die Auslieferung ist. Denn das ist mal sicher: mit völlig verhungerten Ohren, d. h.: abgezogener Haut, da totaler Suggestibilität kann man eins nicht mehr: sich auch nur einen Satz von den Bullen anhören, ohne ihn zurückzuweisen, der einen nicht beeinflussen würde, hinsichtlich dessen, was man fühlt und denkt. Sie können einen dann in ihren Dreck zieh'n. Man kann nichts mehr überhören. Die geringste, nicht aktiv zurückgewiesene Freundlichkeit der Bullen, macht einen bereits zum Kollaborateur.
Gehirnwäsche ist eine Kontinuierung des Gefangenen, die seine Ohren und alles, was daranhängt, geräuschempfindlich machen, al-

so aufnahmebereit, wie ein Film lichtempfindlich ist. Das Gehirn nimmt dann auf, was reinkommt – wie ein Film bei Belichtung.
Wobei man das, was man liest, ja auch »hört«. Das Gehirn – so konditioniert – tut natürlich weh. Das heißt: soweit der Verstand Denken ist, Gedanken sind, tun die auch weh: man wehrt sich also gegen die Schweinerei, indem man sich selbst weh tut. (Das kannte ich allerdings von der Gehirnoperation damals – daß denken weh tut, das aber eben der Weg ist, das Ding wieder in Gang zu kriegen).
Gehirnwäsche ist, das Gehirn des Gefangenen erstmals so zurichten, daß es – seinem Gefühl nach – nur noch ein brennender, zerschnittener, kaputter Fleischklumpen ist. Dann was hören – egal was – ist Balsam. Da kippen sie dann ihre Scheiße rein. Eines Tages hat man dann wieder alle Sinne beisammen und weiß nicht mehr wo oben und unten ist. Zerbrochenes Beispiel für die Macht des Feindes.
Kaputte Ohren heißt natürlich auch: kaputtes Gleichgewichtsorgan. Man fliegt, eben torkelt von einer Ecke in die andre. Alles, was an einen rankommt, ist disproportional, übertrieben. Flüstern wie dröhnen, eine Andeutung ein Hammer. Ein Nebensatz ein Totschläger.
(...)
(Die Konditionierung **für** die Gehirnwäsche, läuft im Trakt. Der Inhalt, die Beeinflussung, das Umdrehen, die Einmischung kommt hinterher.) Weshalb der Weg raus übern Arzt eben kein Weg raus ist. Weil er ‘ne Behandlung einschließt und wenn's nur ist, daß er ab und zu nach einem sieht, nett ist usw. so hat Götte (Götte: Psychiater der JVA Köln-Ossendorf) Astrid (Proll) den Rest gegeben: Plus Psychopharmaka. Widerstand gebrochen, was iden-

tisch ist mit Gesundheit, Kraft etc. Widerstand brechen heißt in der Konsequenz, als Prozedur-Ziel: töten. Das Problem, was sie mit uns haben, ist, daß unser politisches Bewußtsein unseren Körper offenbar nicht verläßt, ohne daß das, was man Leben nennt, den Körper verläßt.
Und klar, warum das so ist: weil sein Inhalt Kollektivität ist – Anti-Isolation.
Wenn unsere Identität unser politisches Bewußtsein ist, dessen Inhalt Kollektivität ist (Guerilla, bewaffneter Kampf), dann können sie das durch Isolation nicht rausreißen, ohne zu töten.
Aber ihr habt kein Recht, uns dieser Schweinerei noch so-und-solange ausgeliefert zu lassen. Bzw. darauf, daß die Bundesanwaltschaft vielleicht kein Interesse daran hat, im Augenblick zu töten, solltet ihr euch nicht verlassen.
Macht.«
(undatiert)

Stadt Stuttgart Gesundheitsamt
Dienstgebäude: Weimarer Straße 30
Institut für Rechtsmedizin
Stuttgart, den 17.11.77

An die
Internationale Untersuchungskommission
Herrn Henrik Kaufholz
Sjaellandsgade 127

8000 Aarhus C/Dänemark

Sehr geehrter Herr Kaufholz,

hiermit bestätige ich den Eingang Ihrer Anfrage vom 11.11.1977, die ich dahin beantworten möchte, daß ich unseren zu den Akten gegebenen Gutachten nichts hinzuzufügen habe.

Mit freundlichen Grüßen

Prof. Dr. med. J. Rauschke
Medizinaldirektor

Universität Tübingen
7400 Tübingen 1, den 22.11.1977
Institut für gerichtliche Medizin
Nägelestraße 5
Direktor Prof. Dr. H. J. Mallach
Fernsprecher (0 70 71) 29 20 31

An die internationale Untersuchungskommission
Herrn Henrik Kaufholz
Sjaellandsgade 127
8000 Aarhus C/Dänemark

Sehr geehrter Herr Kaufholz!

Nicht ohne Erstaunen habe ich Ihre Zeilen vom 11.11.1977 erhalten, denn dieses Datum ist in Deutschland mit dem Beginn des Karnevals eng verknüpft. Sinn und Zweck ihrer Kommission ist mir ungeläufig; Sie müßten mir daher schon einige Fragen beantworten, bevor ich mich im weiteren äußere. Wer hat diese Kommission zu welchem Zeitpunkt gegründet. Wer gehört dieser Kommission an; bitte um namentliche Bekanntgabe aller Mitglieder. Außerdem hätte ich gerne gewußt, von welchen materiellen Voraussetzungen diese Kommission im gegenwärtigen Zeitpunkt ausgeht.

Mit den besten Empfehlungen!

Prof. Dr. med. H.J. Mallach

Universität Tübingen
7400 Tübingen 1, den 19.2.77
Institut für Hirnforschung
Calwer Straße 3
Direktor Prof. Dr. J. Peiffer
Telefon: 29 22 83

An Herrn
Henrik Kaufholz
Sekretariat
Internationale Untersuchungskommission
Sjaellandsgade 127

8000 Aarhus C

Sehr geehrter Herr Kaufholz!

Entschuldigen Sie, daß ich erst heute Ihr Rundschreiben vom 11. November beantworte, das ich nach der Rückkehr von einer längeren Auslandsreise vorfand. Ich deute Ihr Schreiben so, daß die Untersuchungskommission im Besitz meines Gutachtentextes ist. Um endgültig Stellung nehmen zu können, bitte ich Sie um nähere Aufschlüsse über die Zusammensetzung der Kommission und über die Frage, inwieweit mein Gutachten dort bereits schriftlich vorliegt.

Ich habe entsprechend der Deklaration des Weltärztebundes von Helsinki bzw. Tokio eine auch über den Tod einer Patientin hinausreichende Schweigepflicht, von der mich nur ein gerichtlicher Beschluß lösen kann wie dies anläßlich meiner Gutachtererstattung der Fall war. Soweit ihnen mein Gutachten bekannt ist, habe ich über das dort Festgelegte hinaus nichts festzustellen. Für den Fall, daß es Ihnen nicht vorliegt, bedarf ich zu meiner Stellungnahme nähere Informationen, um die ich Sie bitte.

Mit freundlichem Gruß bin ich Ihr

Prof. Dr. J. Peiffer

Vollzugsanstalt Stuttgart
7000 S-Stammheim 40, den 22.12.1977
– Anstaltsarzt –
Asperger Straße 60
Telefon 8 00 21

An die
Internationale Untersuchungskommission
– Sekretariat –
Sjaellandsgade 127

8000 Aarhus C

Sehr geehrte Damen und Herren,

Ihre Anfrage vom 11.11.1977, in der Sie mich gebeten haben, zur Klärung der Todesumstände von Ulrike Meinhof durch eine Zeugenaussage beizutragen, habe ich erst am 15.12.1977 erhalten.
Zu meinem Bedauern muß ich Ihnen mitteilen, daß mir eine Genehmigung zu einer mündlichen oder schriftlichen Äußerung nicht erteilt worden ist.

Hochachtungsvoll

Dr. Henck
Regierungsmedizinaldirektor

Der letzte bekannte Brief – der Bericht Ulrike Meinhofs vom 7. Mai 1976 über ein von ihr mit dem italienischen Rechtsanwalt Capelli geführtes Gespräch.

Ulrike Meinhof wurde zwei Tage vor ihrem Tod von dem italienischen Rechtsanwalt Giovanni Capelli besucht und führte mit ihm ein einstündiges Gespräch.
Auf einer Pressekonferenz am 9. Mai 1976 in Stuttgart berichtete Capelli, daß er Ulrike Meinhof am 6. Mai d. J. »aufgeschlossen für alle Themen« erlebt habe. Sie habe mit ihm die Gründung internationaler Anwaltskomitees zur Verteidigung der RAF »lebhaft« besprochen. Rechtsanwalt Capelli erklärte vor der Presse ferner: »Wir verabredeten, daß wir uns bald wiedersehen. Sie hat sich verhalten wie jemand, der leben will.« (Vgl. »Stern« vom 20. Mai 1976).
Der nachstehend abgedruckte Brief ist ein Bericht Ulrike Meinhofs über den Verlauf des Gesprächs, das sie mit Rechtsanwalt Capelli geführt hat. Er dokumentiert, daß Ulrike Meinhof in den Tagen vor ihrem Tod keineswegs – wie die Bundesanwaltschaft und die Staatsanwaltschaft behaupten – »sich von den übrigen Gruppenmitgliedern getrennt« und auch nicht »politisch resigniert« (Staatsanwalt Heissler) hatte.

»Der Spazzali(1), dessen Sozius Capelli(2) ist, ist der Bruder von dem, der verhaftet war(3).
Das Gespräch lief in Englisch, der Bullendolmetscher hat nur'n paar Sachen übersetzt – so einigermaßen.

C. (Anm.: Capelli) sagte, die Gefangenen aus der BR (Anm.: brigate rosse – Rote Brigaden) wollten ‘ne Korrespondenz mit uns. Wir sollten ihnen schreiben. Wo ich gesagt habe, daß wir nur mit Angehörigen korrespondieren können.
Sie werden nicht isoliert, nur dauernd verlegt, sind da aber immer vollständig integriert, können arbeiten usw. Ihre Politik ist: Politisierung der Gefangenen, an den Bedingungen des Gefängnisses. Er sagt, da läuft in Italien ‘ne ganze Menge.
Der Einzige, der isoliert ist – das hieße, in ‘ner Einzelzelle untergebracht und nicht wie normal zu dritt, ist Curcio(4). Wo ich gefragt habe, was die anderen Gefangenen aus der BR dagegen machen. Darauf ging er aber nicht ein. Er meinte, das sei so, aus Sicherheitsgründen, weil er mal befreit worden ist und gestern seien wieder drei Gefangene aus der BR ausgebrochen. Sie versuchten, ihn aus der Isolation rauszukriegen, so 'ne Flucht erschwere das. Wo ich ziemlich wütend geworden bin. Er lenkte dann auch ein und sagte, das sei schon klar, daß die Sicherheitsargumentation dort wie hier ‘ne Verschleierungsargumentation ist.
In dem Prozeß Ende Mai werden 24 Gefangene angeklagt. Er sagt, Gegenstand der Anklage ist die ganze Poltik der BR von 71/72 bis 74. Also das wird der große oder: der erste große, umfassende BR-Prozeß. Das würde in den Prozessen gegen die BR immer so gemacht: Anklage immer gegen die ganze Periode, einen Komplex ihrer Praxis.
Daß die NATO bei einem Wahlsieg der Kommunisten in Italien intervenieren könnte – ich fragte ihn, ob sie damit rechnen – fand er absurd, da die PCI (Anm.: KPI – Kommunistische Partei Italiens) eine Partei der Ordnung sei und selbst Teil der Repression.

Zur Rolle der Bundesrepublik in Westeuropa sagte er »Statthalter« der USA, und Intervention fände über den Staatsapparat statt. Die Funktion der reaktionären Integration Westeuropas für die Konterrevolution in der Dritten Welt und die Entwicklung des Nord-Süd-Antagonismus, überhaupt der Zusammenhang Kampf in den Metropolen und Entwicklung der Front in der Dritten Welt – die Rede davon erstaunte ihn.
Er wollte wissen, ob es hier noch einmal 'ne breite sozialistische Bewegung geben könnte und warum es sie nicht gibt. Wo ich ihm erklärt habe: postfaschistischer Staat, Rolle der SPD, totale Abhängigkeit von den USA, völlige Beherrschung der Öffentlichkeit durch die reaktionären Medien usw.
Die Richtlinienfunktion von Stammheim, auch für die politische Justiz in Italien sagte er, sei ihnen klar.
Er hat ein bißchen mitgeschrieben. Er sagte: um seinen Kollegen zu berichten, was ich gesagt habe. Ich habe ihm gesagt, daß wenn er von dem, was wir geredet haben, was publizieren will, dann ist Bedingung, daß wir den Bericht vorher sehen. Daß er nichts, was nicht expliziert von uns authorisiert ist, davon veröffentlichen darf. Er sagte, das sei selbstverständlich.«

Anmerkungen

1 + 2) Die italienischen Anwälte Spazzali und Capelli führen eine gemeinsame Kanzlei. Beide Anwälte verteidigen Mitglieder der Roten Brigaden.

3) Ein Bruder des Rechtsanwalts Spazzali war verhaftet worden.

4) Renato Curcio soll angeblich 1969 die Roten Brigaden gegründet haben.

Die RAF macht Politik

Vorab gesagt, und das wird in den folgenden Kapiteln mehr als deutlich, kann man feststellen: „Die Attentate der 3. Generation der RAF tragen deutlich die Handschrift von Geheimdiensten“, so die Meinung diverser maßgeblicher Staatsschützer.

Wer sind ihre Opfer? Für welche Politik standen sie, und welche Politik wurde durch das rätselhafte Auftauchen jener „3. Generation“ in Deutschland erst möglich?

Wenn wir uns diese Frage stellen, sollten wir uns erst zu Gemüte führen, welche „Nebenwirkungen“ jene Welle von Gewalttaten damals zeitigte und nicht zuletzt auch: wer davon profitierte. Der sogenannte „Linksterrorismus“ der 3. Generation der RAF hat in Deutschland – natürlich mit der notwendigen „rechten“ Medienunterstützung – eine Stimmung im Volk geschürt, die nach schärferen Gesetzen schrie und sich für die Einführung der Todesstrafe aussprach, für die Installation des totalen Überwachungsstaates.
Der Staat folgte willig dem Ruf des Volkes nach seinem starken, schützenden Arm. Er verschärfte die Gesetze, schränkte Bürger-, Menschen- und Verteidigerrechte ein – kurz: Der Rechtsstaat verändert sein Gesicht. Der Terror lebt in den Sicherheitsgesetzen weiter. Die „moralische Überlegenheit“ des demokratischen Rechtsstaats gegenüber dem von Terroristen angeblich angestrebten linken Totalitarismus wird somit eindrucksvoll demonstriert. Wenn die Politiker von „wehrhafter Demokratie“ sprechen, so meinen sie damit wohl, wir müßten uns auf das Niveau der Täter herabbegeben. Die Mordbuben, die unter dem Namen der RAF

bombten, haben das System verändert, sagen die einen; nein, sie haben das System nur *offenbart*, sagen uns die anderen.
Die einen sehen in Deutschland einen demokratischen Rechtsstaat, der infolge gewisser Haftbedingungen (siehe: Ulrike Meinhof), der Sicherheitsgesetze und des Lauschangriffs ... zunehmend faschistoide Züge annimmt; die anderen sehen einen vom internationalen Finanzkapital, von Geheimdiensten und Logen abhängigen Staat, der nach und nach seine demokratische Maske ablegt, um sein wahres Gesicht darunter zu zeigen.
Es gibt ernst zu nehmende Theorien, die darauf hinauslaufen, daß die sogenannte RAF gerade solche führende Persönlichkeiten in Deutschland umbrachte, Menschen, die nicht in das System paßten, die dieses Spiel nicht mitspielen wollten und sich weigerten, den Herrschaftsanspruch jener Drahtzieher hinter den Kulissen anzuerkennen.
Diese Betrachtungsweise, würde ein ganz anderes Licht auf verschiedene Attentate (Herrhausen und Rohwedder) werfen. Welche Aufgabe hat in diesem Spiel die „3. Generation RAF" übernommen? Für wen und welche Politik bombt sie?
Die zweite Betrachtungsweise ist wie Politik, die mit Anschlägen gemacht wird, eine zunehmende Einschränkung von bürgerlichen Rechten, ein Mehr an Überwachung, eine Zunahme an Repressalien zur Folge hat.
Für diese Politik stehen inzwischen auch andere Gruppierungen bereit. Seien es rechtsradikale Gruppierungen, sei es das organisierte Verbrechen, die ähnlich konspirativ aufgebaut ist wie die sogenannte 3. Generation der RAF.
Mit den Gesetzesverschärfungen gegen das organisierte Verbrechen wird heute die gleiche Rechtspolitik verfolgt wie gegen die

RAF. Man muß sich fragen, ob, wenn vom Staat 2 x die gleiche Behandlung verschrieben wird, nicht auch 2 x die gleiche Krankheit vorliegt. Hat die sogenannte 3. Generation der RAF und das „Organisierte Verbrechen“ etwas gemeinsam, außer, daß wegen ihrer Tätigkeit, in Deutschland, Rechte eingeschränkt werden. Gibt es Verbindungen, einen gemeinsamen Nenner?

CIA – eine terroristische Organisation?

„Ziel und Aufgabe von US-Diensten ist es: Unterwanderung und Durchdringung von Terrorgruppen und Guerillabewegungen weltweit“.*21

Im Dezember 1984 unterzeichnete Präsident Reagan (der ehemalige CIA-Chef Bush war zu der Zeit Vizepräsident) eine Direktive zur Ausbildung und Unterstützung von terroristischen Gruppen. Der italienische Terrorist Enrico Paghera bestätigt, daß die Amerikaner diese Politik auch in die Tat umsetzten. Er sagt aus, daß der CIA Agent Roland Stark versucht hatte, gemeinsam mit der Roten Brigade eine internationale Terrorismusgruppe zu gründen.
Sie glauben das alles nicht? Dann lesen Sie mal den Anhang zum Feldhandbuch 30-31 (FM 30-31) der US-Streitkräfte. Wegen des Versuchs, diesen Anhang zu veröffentlichen, hat es schon manchen Ärger gegeben. Bereits 1973 wollte die „Beris“ eine türkische Zeitung, das Feldhandbuch publizieren. Ihr Informant, ein bekannter Journalist, verschwand spurlos.
Er blieb unauffindbar; die Papiere tauchten jedoch 3 Jahre später wieder auf, was ja auch nicht weiter verwundert, da es sich ja um ein Handbuch der US-Streitkräfte handelte. Angehörige der US-Armee haben ja auch nicht gerade Seltenheitswert; selten kommt es lediglich vor, daß gerade diese Passage aus dem Buch zitiert wird.
Die spanische Zeitung „Triumfo“ brachte größere Teile aus dem FM 30-31: Abschnitte, in denen es um die „Destabilisierung befreundeter Länder“ geht, und solche, in denen konkrete Handlungsanweisungen für Agenten gegeben werden: von politischem

Druck bis hin zu „gewaltsamen Aktionen“ (an dieser Stelle grüßen wir alle Gladiatoren!).
Die Zeitschrift „L' Europeo“ aus Italien war heftigstem Druck ausgesetzt und veröffentlichte trotzdem Teile des Inhalts. Jetzt endlich wurden auch die Genossen der Roten Brigade wach. Wurden sie gesteuert und wenn ja von wem? Hatte die CIA sie wirklich bereits unterwandert?
Die Zeitschrift „Contra informazione“, ein bekanntermaßen den Roten Brigaden nahestehendes Blatt und allem Anschein nach noch nicht fest im Würgegriff der CIA, veröffentlichte die Dokumente nach interner Diskussion. Sie wurden zwar umgehend wegen „Verrat von Staatsgeheimnissen“ beschlagnahmt, trotzdem setzte spätestens zu diesem Zeitpunkt innerhalb der Brigaden eine äußerst spannende Diskussion ein.
Nach der Beschlagnahmung hörte und vor allem sah man nichts mehr von den Papieren – bis zur Verhaftung des Freimaurers und Logengroßmeisters der Loge P2, Lucio Gelli (siehe hierzu das ausführliche Kapitel in: Die Macht II). Gefunden wurden sie in einer Tasche mit doppeltem Boden bei seiner Tochter.*22 Und was ist der Inhalt der ominösen Schrift? Infiltration, Durchdringung von Terrorgruppen – weltweit, Ausbau und Unterstützung von Terrorgruppen und – wie Paghera sagt – „*Gründung einer weltweit operierenden Terrorgruppe*“.

Hier nun ein sehr beredetes Beispiel:

„a) Sie (die Aktivitäten der US Dienste) sollten Anstrengungen unternehmen, damit Agenten, die von den Behörden des Gastlandes in die Aufstandsbewegung eingeschleust wurden, mit dem Ziel

zu identifizieren, um dann im geheimen die Kontrolle über solche Agenten zu übernehmen. (...)
b) Es sollten Anstrengungen unternommen werden, zuverlässige Agenten in die Führungsebene der Aufstandsbewegung einzuschleusen, unter besonderer Berücksichtigung des Spionagesystems der Aufständischen gegenüber dem Verwaltungsapparat des Gastlandes"

Und unter Punkt 11 heißt es weiter:
„manchmal kann es geschehen, dass das Gastland Passivität oder Unentschlossenheit gegenüber Kommunisten oder von Kommunisten initiierter Subversion an den Tag legt und mit fehlendem Nachdruck auf die, von US-Diensten, übermittelten Informationen reagieren. Solche Situationen treten besonders gerne dann auf, wenn die Aufständischen aufgrund einer vorübergehenden Verzichtserklärung bezüglich ihrer Gewaltbereitschaft glauben taktische Vorteile ziehen zu können und die Behörden in falscher Sicherheit wiegen wollen. In solchen Fällen müssen die US-Geheimdienste die Möglichkeit zu Spezialoperationen haben, die die Regierung des Gastlandes und die Öffentlichkeit von der Existenz und Gefahr der Aufständischen sowie der Notwendigkeit von Gegenmaßnahme zu überzeugen.
Aus diesem Grund sollten die US Geheimdienste versuchen, die Aufständischen mittels Spezial Agenten zu infiltrieren, um unter den radikaleren Flügeln, besondere Einsatzgruppen zu bilden. Zu gegebener Zeit sollten diese Gruppen unter US Aufsicht benutzt werden, um gewalttätige und/oder nicht gewalttätigen Aktionen durchzuführen. (...)
Sollte die Infiltration der Führungsebene der Aufständischen nicht weit genug fortgeschritten sein, kann es im Sinne der Ziele

*hilfreich sein, ultralinke Organisationen zu instrumentalisieren.**23

Na, da haben die US-Geheimdienste, die Freimaurerlogen und *Gladio* ein potentiell weites Betätigungsfeld. Wer macht nun welche Politik im Namen der RAF, im Namen der Roten Brigade, im Namen der Gruppe 17.November?
Lassen wir hierzu nochmals Philip Agee, den bereits zitierten CIA-Agenten zu Wort kommen:
„*Die Unterwanderung kommunistischer Parteien und andere Organisationen gehören zum täglichen Handwerk fast jeder CIA-Station. Sie (die Mitarbeiter) sind Mitglieder der revolutionären Organisationen.*"*24
Zwei weitere, völlig unterschiedliche Zeugen bestätigen die Praxis der amerikanischen Geheimdienste, in westeuropäischen Staaten Terrorgruppen zu infiltrieren.
„*Tja*", so der ehemalige italienische Innenminister Amato: „*Ja, die Roten Brigaden sind infiltriert worden. Es gab da einige wichtige Personen.*"*25
Ein weiterer Zeitzeuge ist Colonel Oswald Winter; er ist CIA-Verbindungsoffizier und sagt aus: „*Die Roten Brigaden waren unterwandert. Die Baader-Meinhof-Gruppe war unterwandert. Die Action Direct – viele dieser linken Terrorgruppen waren entweder unterwandert oder assoziiert.*" *26
Noch mal in anderen Worten: Die wichtigsten Guerillaorganisationen der westeuropäischen sogenannten „Linken" sind aufs Engste mit der CIA verbunden.
Doch das Armeehandbuch FM 30-31 besagt noch mehr: Nicht nur an die Spitze von Terrorgruppen sollte sich der US-Geheimdienst

demzufolge stellen. Nein, er war beauftragt, in den offiziellen Behördenapparat der jeweiligen Partnerländer einzudringen. Insbesondere sollten die Behörden für „Innere Sicherheit", das jeweilige Militär sowie der Polizeiapparat und andere Sicherheitseinrichtungen (in Deutschland wären hier denkbar: GSG 9, Bundesgrenzschutz und natürlich die jeweiligen Nachrichtendienste oder das BKA – Anm. in der Klammer stammen vom Herausgeber) unterwandert werden."*27

Daß der amerikanische Geheimdienst dazu auch sehr wohl in der Lage ist, zeigt das Beispiel Italien. Dort wurde nämlich nicht nur die Terrorgruppe „Rote Brigade" infiltriert und assoziiert, sondern auch die kompletten italienische Anti-Terror-Behörden.

Am 13.2.79 veröffentlichte die italienische Tageszeitung „La Republica" einen äußerst geheimen Report des Angehörigen der US Botschaft, Dominic Perrone. In ihm beschreibt er hochbrisantes Insiderwissen und genaueste Detailinformationen aus sämtlichen Anti-Terror-Behörden des Landes, die er mit seinen Leuten durchdrungen hatte. Am gleichen Tag der Veröffentlichung verläßt Perrone fluchtartig Italien. Die US Regierung dementiert – anders als beim Anhang B des Feldhandbuchs 30-31 – den Bericht von La Republica nicht!!!!

Wer oder was ist die RAF?

Und bei uns in Deutschland?

„*Es gilt das Krebsgeschwür des internationalen Terrorismus zu bekämpfen,*" so Vernon Walters, der CIA Spitzenagent und Botschafter der USA in Deutschland, in seiner ersten Rede am 27.4.89.

„*Durch ihre Zusammenarbeit auf diesem Gebiet haben die westlichen Industriestaaten ihre Verteidigung gegen diese Geißel der Menschheit aufgenommen. Die hohe Qualität der Zusammenarbeit zwischen den Nachrichtendiensten und der Justiz in der BRD und den amerikanischen Behörden wissen wir außerordentlich zu schätzen.*"*28

Das sind deutliche, entlarvende Worte für einen Diplomaten.

Schauen wir uns einmal einige Stationen im Leben des Diplomaten Walters an. Er ist ein gefürchteter CIA-Stratege, kein unschuldiger kleiner Diplomat, sondern ein international berüchtigter Experte für Subversion und Sabotage.*29

„*Er gehört einer 'Spezial Operation Group' an, die für den verdeckten Krieg gegen Nicaragua die Funktion eines Generalstabs übernahm. Er ist der James Bond des State Departement. Er war der Drahtzieher des Staatsstreiches der Generäle gegen die bürgerliche Regierung Brasiliens 1964. 1973 führend beteiligt beim Sturz der demokratisch gewählten Regierung in Chile.*"*30

Was aber sagt diese schillernde Persönlichkeit über sich selber?

„*Ich werde nicht geschickt, wenn ein Erfolg wahrscheinlich ist. Eine meiner Hauptaufgaben ist es, die letzte Ölung zu geben, kurz bevor der Patient stirbt.*"*31

Das Zitat stammte stand am 10.1.89 in der FAZ, am 27.4.'89 hält er eine Rede mit deutlich drohendem Unterton über die Notwendigkeit der Zusammenarbeit. „*Wir sehen uns mit Gefahren konfrontiert, die vermieden werden müssen, wenn unsere Partnerschaft weiterhin gedeihen soll.*"
Am 30.11.89 stirbt der mächtigste deutsche Banker aufgrund des Anschlags einer Terrororganisation, die deutlich geheimdienstliche Züge trägt. (Weitere Informationen im Kapitel über Alfred Herrhausen.)

Ein Schelm der Böses dabei denkt!

„*Meine Hauptaufgabe ist es, die letzte Ölung zu geben, bevor der Patient stirbt.*"*31
Man könnte ihm für diese deutlichen Worte fast dankbar sein. Ja, könnte man denn seine Worte über die notwendige Zusammenarbeit zwischen den Nachrichtendiensten und der Justiz nicht auch ganz anders interpretieren – etwa im Sinne eines Mordkomplotts? Aber wer von uns wäre sich nicht zu schade dafür, an diese Theorie auch nur einen Gedanken zu verschwenden. Das wäre ja purer *Antiamerikanismus*, und wer wollte sich diesen schlimmen Vorwurf schon gern ausgesetzt sehen?
Warum trotzdem der ein oder andere, seiner Sinne durchaus mächtige Mensch, auf solche Gedanken kommen könnte, wollen wir hier kurz skizzieren:
1984 tauchte ein 42-seitiges Werk innerhalb der CIA auf. Sein Titel: "Psychologische Operationen in der Guerillakriegführung." Die „Süddeutsche Zeitung" schreibt darüber zusammenfassend: „*Es ist möglich, sorgfältig ausgewählte Ziele wie Richter, Poli-*

zeibeamte und Angehörige der staatlichen Sicherheitsorgane zu neutralisieren." *32

Das Handbuch beschreibt Verhaltensregeln für die öffentliche Ermordung politischer Gegner. Es beinhaltet die Aufforderung „*bei gewissen Aufträgen professionelle Verbrecher hinzuzuziehen*" und führt weiter aus: „*Bei Zusammenstößen mit der Staatsgewalt sei es gut, Schießereien zu provozieren, die den Tod von einem oder mehreren Menschen verursachen, damit Märtyrer geschaffen werden.*"

Weiterhin enthält das CIA-interne Handbuch Tips, wie man Menschen entführt und Gebäude sprengt.*33

Die CIA bestätigte die Existenz des Handbuches; die amerikanische Regierung distanzierte sich selbstverständlich von den Inhalten.

US-Senator Clairborne Pell äußerte sich zu dem CIA-Machwerk: „Es sind die gleichen terroristischen Tätigkeiten, die wir bei den anderen Verurteilen ... *34

Wie aber sieht nun die „gute Zusammenarbeit" aus? Hat die CIA nur die Roten Brigaden unterwandert oder, wie Colonel Oswald Winter von der CIA behauptet, auch deutsche Organisationen?

Wenn es aber so ist, daß die RAF unterwandert wurde, dann stellt sich die Frage, ob dies mit Unterstützung deutscher Behörden geschah oder nicht, oder ob deutsche Behörden sogar unabhängig vom amerikanischen Geheimdienst versucht haben, die RAF zu unterwandern. Man könnte fast lachen, wenn man sich vorstellt, wie sich die diversen Geheimdienste innerhalb einer Terrororganisation gegenseitig aufhetzen. Das Lachen bleibt einem allerdings sehr bald im Halse stecken, wenn man sich wirklich einmal vor

Augen führt, daß dies alles mit ziemlicher Wahrscheinlich Realität ist.
Wie man so was nur behaupten kann? – Ganz einfach, der amerikanische Geheimdienst selbst scheint davon zu auszugehen: Im Feldhandbuch FM 30-31 finden wir folgenden Satz: „*Sie* (die US Stellen) *sollten Anstrengungen unternehmen, Agenten, die von den Behörden des Gastlandes in die Aufstandsbewegungen eingeschleust wurden, mit dem Ziel, diese zu identifizieren, im Geheimen die Kontrolle über solche Agenten zu übernehmen.*“
Das heißt im Klartext, amerikanische Geheimdienste gehen davon aus, daß zum Beispiel deutsche Behörden Agenten in den Aufstandsbewegungen haben und daß die amerikanischen Geheimdienste diese deutschen Kollegen 1. enttarnen und 2. kontrollieren sollen.
Aber haben deutsche Behörden denn tatsächlich versucht, Spitzel in die RAF einzuschleusen?
Selbstverständlich!
Nicht nur, daß einige der ersten Waffen für deutsche Terroristen von deutscher Geheimdienstseite gestellt wurden [*35] es gab da auch noch Belastungszeugen gegen RAF-Gefangene, die nicht einmal vor Gericht erscheinen mußten, um sich nicht selbst zu enttarnen! (An dieser Stelle sollte „Atze grüßt Grünewald“ stehen, und „A.P. dankt allen ihren Freunden“ – was hiermit auch geschehen ist.) Und dann war da noch die Geschichte von einem Mann, den wir der Vorsicht halber hier einmal Toni nennen wollen. Toni wurde gleich ganz zu Beginn abgefangen. Seine erste Waffe und auch seinen Sprengstoff kaufte er bei einem Staatsschützer – und ab ging es in den Knast. Und dann war da noch die Geschichte vom Uli, Terrorist oder Geheimdienstmann (?), Informant nach

beiden Seiten (?), umgebracht von einer Seite. Gab es da noch eine dritte?
Und dann war da noch die „rote Ilse“, die das fragwürdige Vergnügen hatte, dem längsten Prozeß dieser Art beiwohnen zu dürfen, leider als die des Mordes Angeklagte – mit vielen, vielen Jahren Untersuchungshaft. Am Ende reichten die oftmals fadenscheinigen Beweise auch nach all den vielen Jahren und der enormen öffentlichen Vorverurteilung nicht zu einem Schuldspruch aus. Eine Frage blieb bis zum Schluß ungeklärt: Welche Seite hatte nun wirklich jenen Uli Schmücker ermordet? Die Terroristen oder der Staatsschutz (auf den etliche Verdachtsmomente fielen)? Oder ein „unbekannter Dritter“? Nachdem Ilse als Hauptverdächtige auf Seiten der Guerilla nicht verurteilt werden konnte und es bekanntermaßen mit jenen ominösen „Dritten“ nicht allzu weit her ist, reduziert sich der Kreis der Täter schon erheblich.

Ja, und dann gibt es noch Dr. Hans Kollmar, Kriminaldirektor im Bundeskriminalamt (BKA). Er outete sich sozusagen selber, als er 1982 vor dem bayrischen Untersuchungsausschuß bekannte: „*Ich hatte vorgeschlagen, eine Gruppe von 2-3 Mitarbeitern zu etablieren, die als Terrorgruppe aufgebaut werden sollte.*“ Es geht hier also nicht mehr nur um Unterwanderung von bereits bestehenden Gruppierungen wie der RAF, sondern gar um die Neugründung einer „*Staats-Terroristischen-Gruppe*“, „... die mit der Zeit von sich reden macht“, beendet Kollmar seinen Satz.* Ähnlichkeiten mit Aussagen des US-Handbuchs FM 30-31 sind rein zufällig!

Kurz sei noch an das berühmt und berüchtigt gewordene Celler Loch erinnert: Ein Sprengstoffanschlag auf das Celler Gefängnis, durchgeführt von der „RAF" – einer Gruppe, von der wir eigentlich nicht so recht wissen, wer dahinter steckt, insbesondere *ob* und, wenn ja, *wie viele* Geheimdienstler (aus welchen Ländern auch immer) unter ihrem Namen tätig sind. Das einzige, was die Ermittlungsbehörden nach jeden RAF-Anschlag mit Sicherheit in Händen halten, ist das Selbstbezichtigungsschreiben mit dem deutlich sichtbar darauf prangenden RAF-Stern. Also kein Siegel, keine Unterschrift, kein Fingerabdruck oder ähnliches. Genauso verhielt es sich auch bei jenem Bombenanschlag auf das Gefängnis. Es gab eine „offizielle" RAF-Erklärung, die sich zu dem Anschlag bekannte. Ziel des Anschlages war dem Schreiben zufolge die Befreiung von Sigurd Debus. Jener Sigurd Debus, der später völlig überraschend an den Folgen eines Hungerstreiks starb.
Nun konnten in diesem Fall die Täter ermittelt werden, ja man konnte sogar nachweisen, wer unter dem Namen der RAF bombte: „*Deutsche Geheimdienste*" – also ein klarer Fall von offenbar gewordenem „Staatsterrorismus". Herr Maus, die schillernde Gestalt mit BKA/BND/CIA-Connection besorgte das Fluchtauto. Sein Vorgesetzter im BKA war zufällig jemand, der uns irgendwie bekannt vorkommt: Dr. Hans Kollmar.
Ein Mann also, der allem Anschein nach nicht nur Pläne zu schmieden vermag, sondern sie auch durchaus in die Tat umsetzen kann.
Nachdem dann die ersten Waffen vom Geheimdienst gekommen waren, nachdem eigene Terrororganisationen aufgebaut bzw. bestehende ganz oder teilweise übernommen worden waren, nachdem CIA-Agenten über die Unterwanderung der Roten Brigaden

und der RAF durch ihre Behörde ausgepackt hatten, nachdem die, den Roten Brigaden nahestehende Zeitung das Handbuch FM 30-31 dokumentierte: Nach all diesen Ereignissen trauten sich nun selbst inhaftierte politische Gefangene in Deutschland zu diesem Thema zu Wort: *„Die Autonomie der RAF, auf die wir uns so viel eingebildet haben, war zu großen Teilen Fiktion und Selbstbetrug. Wir sind vermutlich öfters von Geheimdiensten wie ein Pfingstochse am Ring durch die Arena geführt worden“* [37]
Sicher ist: die „RAF“, die den Anschlag auf das Gefängnis in Celle verübt hatte, bestand aus Mitarbeitern des Verfassungsschutzes und der GSG 9. Unter anderem waren ein Ministerialrat und zwei Hauptkomissare daran beteiligt.*38
Bei diesem Anschlag wurde ein gestohlenes Auto verwendet. Gleichzeitig verfügte man über Ausweispapiere, die aus einem Überfall der RAF von 1974 in Michelstadt (Odenwald) stammten.
Also noch mal zur Verdeutlichung: Die „Terroristen“, die das Celler Loch sprengten, waren deutsche Staatsschützer, und sie verwendeten geraubte Personalausweispapiere aus einem Jahre zuvor stattgefundenen RAF-Überfall.
Preisfrage: welche Personen planten und führten wohl den Einbruch in Michelstadt durch?

StellungsNAMEN
Von Mitgliedern und Unterstützern einer terroristischen Vereinigung, oder wie, oder nicht?

„*Der getürkte Anschlag*“, sagte der ehemalige Leiter des Bundesamtes für Verfassungsschutz Richard Meier, sei „*eine ganz normale nachrichtendienstliche Arbeit.*“
„*Ich würde so einen Sprengstoffanschlag als zuständiger Innenminister noch einmal befürworten,*“ so Egbert Möcklinghoff, Niedersachsens Innenminister 1978-1986.
„*Eine richtige Maßnahme*“ so Norbert Geißler.
„*Ich habe die Planung begrüßt und Unterstützung zugesagt,*“ so der damalige Bundesinnenminister Maihofer.
Peter Frisch, zu der Zeit Leiter des niedersächsischen Verfassungsschutzes machte anschließend sogar noch Karriere. Er wurde Vizepräsident des Bundesamtes für Verfassungsschutz.
„*Sprengstoffanschläge können ein nachrichtendienstliches Mittel sein,*“ so Peter Frisch.
Holger Pfahl, Staatssekretär im Bundesverteidigungsministerium reiht sich ebenfalls ein in die lange Reihe von verbalen Unterstützern „*der terroristischen Vereinigung RAF, die den Anschlag auf das Celler Gefängnis verübte*“. Er bekennt sich offen zu solchen Methoden. Herr Pfahl wurde übrigens bekannt, als es um die illegale Waffenlieferung nach Israel ging.
Niedersachsens damaliger Innenminister Ernst Albrecht zeigte sich ebenfalls bereit, Anschläge dieser Art zu wiederholen.*39

Der ehemalige Vizepräsident des BKA Boeden drängte massiv auf die Durchführung, er machte anschließend ebenfalls Karriere. Er wurde später Präsident des Bundesamtes für Verfassungsschutz.

Achtung, und nun kommt der heitere Teil der Geschichte!
Es wurde ein Ermittlungsverfahren eingeleitet: *„gemeinschaftliche Sachbeschädigung, Vortäuschen einer Straftat, Herbeiführung eines Sprengstoffanschlages u. a.“*
Unter die Rubrik „u .a.“ könnten von Rechtswegen z. B. noch folgende Anklagepunkte fallen: Irreführung der Behörden, Verwendung eines gefälschten Autokennzeichens, Benutzung von gestohlenen/gefälschten Ausweispapieren, Gefährdung von Menschen, Unterstützung einer kriminellen, ggf. terroristischen Vereinigung, Mitgliedschaft in bzw. Gründung einer kriminellen/terroristischen Vereinigung, Befürwortung von Gewalt oder auch: Brechen des Amtseides usw.
Das Ermittlungsverfahren richtete sich u. a. gegen: Ministerpräsident Ernst Albrecht, Ex-Bundesinnenminister Werner Maihofer, Ex-Bundesinnenminister Gerhard Baum, Bundeskanzler Helmut Schmidt und den Leiter des niedersächsischen Verfassungsschutzes, Peter Frisch.
Zu einer Verurteilung kam es „überraschenderweise“ nicht; das Ermittlungsverfahren wurde eingestellt. Die ermittelnden Behörden haben nach intensiver Prüfung festgestellt, daß sich keinerlei Anhaltspunkte für irgendeine Straftat ergeben hätten. Außerdem sei für einige Vorwürfe ohnehin Verjährung eingetreten.
Beginn der Ermittlungen: 7.5.86
Ende der Ermittlungen: 8.5.86

„Man weiß nicht mehr, welche Anschläge von Terroristen und welche vom Staat zu verantworten sind“, so Jürgen Trittin, Bundesvorsitzender von Bündnis 90/DIE GRÜNEN, damals noch Landtagsabgeordneter in Hannover.*40

„Wenn zukünftig irgendwo in der Bundesrepublik eine Bombe detoniert, wird man gezwungen sein, auch Behörden des Staates in den Kreis der Täter einzubeziehen.“ *41

Und der Spiegel fragte sich, wie viele Anschläge dieser Art es wohl sonst noch gegeben hatte.[*42]

Gefragt werden muß aber auch: wieviel waren es und wieviel werden es wohl noch zukünftig werden?

Das Gewaltmonopol liegt laut deutscher Verfassung beim Staat; so gesehen ist das alles zu Ende gedachte Verfassungstreue. Wir können also feststellen, daß die RAF, die zumindest den Sprengstoffanschlag auf das Celler Gefängnis verübte, um den Gefangenen und später im Hungerstreik umgekommenen Sigurd Debus zu befreien, keinen Anlaß bietet, sie als terroristische Vereinigung zu bezeichnen – unabhängig davon, ob dabei Menschenleben gefährdet wurden oder andere strafrechtsrelevante Dinge passierten.

Jedes Land hat sich seine eigene Rechtsgrundlagen geschaffen, es liegt nicht in der Intention dieses Buches, diese grundsätzlich in Frage zu stellen; wichtig erscheint jedoch, daß wir wissen, was allem Anschein nach in unserem Rechtsstaat von *Staatsseite* aus möglich ist.

Wie anders die Rechtsgrundlagen anderer Länder sein können, zeigen die Mauerschüsse in der damaligen DDR oder das Massaker von Peking auf dem Platz des „Himmlischen Friedens“, wo es zu keiner Verurteilung wegen Massentötung kam – vermutlich, weil auch dieses Vorgehen mit den geltenden Gesetzen des Landes in Einklang zu bringen waren. Ähnlich könnte es mit den Folterungen in den verschiedensten Ländern aussehen. Es ist längst nicht immer so, daß die Folterungen stattfinden, aber nicht offiziell registriert werden, da sonst eingeschritten werden müßte. Es gibt Länder, in denen Folterungen akzeptierter Bestandteil einer Politik sind, und das müssen nicht unbedingt nur „unterentwickelte" Länder sein, wie das Beispiel Israel zeigt.

Also muß man feststellen: Es gibt solchen und solchen Terror, und in diesem Sinne auch solchen und solchen Terrorismus. Welcher davon jetzt der „gute" und welcher der „schlechte" ist, sollte eigentlich eine überflüssige Frage sein.

Der Herrhausen-Mord – das politische und wirtschaftliche Umfeld

Dieses Kapitel hätte das mit Abstand größte und umfangreichste des Buches werden können – einmal von der Brisanz des Inhalts her, dann auch wegen der Unmenge an Material, das zu diesem Thema zusammengetragen wurde. Es hätte für ein eigenes Buch gereicht.
Nun soll aber das Thema innerhalb dieses Buches in einem überschaubaren Rahmen gehalten werden, und so wird hier nur das vielleicht Interessanteste veröffentlicht.

Zu Beginn des Kapitels werden wir eine These aufstellen. Es ist eine These, eine Mutmaßung und keine feste Behauptung. Sie erscheint fast unglaublich; die meisten Menschen in diesem unseren Lande werden sagen: „So ein Quatsch!" Und doch halten wir sie für so schlüssig, daß wir sie hier einfach einmal trotz aller Vorbehalte äußern wollen. Sie erscheint uns weit glaubwürdiger als jene andere Hypothese, daß nämlich eine linksradikale Gruppe mit dem Namen RAF, die in einer angeblichen 3. Generation existieren soll, aus der Illegalität heraus den Anschlag geplant und durchgeführt habe.

Unsere These ist diese (und wir haben sie anhand zahlreicher Dokumente und Aussagen untermauert):

- Geheimdienste haben die RAF und die Roten Brigaden unterwandert.
- Freimaurerlogen unterwandern Terrororganisationen.

- Freimaurerlogen werden von Geheimdiensten unterwandert.
- Logen und Geheimdienste zusammen sowie auch Geheimdienste allein gründen Terrororganisationen
- Deutsche Geheimdienste verüben Sprengstoffanschläge (Celler Loch), Ziel: Gefangenenbefreiung. Sie verwenden gefälschte Autokennzeichen und haben eigenartigerweise Ausweispapiere, die aus einem weiteren RAF-Überfall stammen und die sie demzufolge gar nicht haben dürften. Die Frage bleibt: ist die RAF, die den Anschlag auf das Celler Loch verübte, identisch mit jener RAF die in Michelstadt die Ausweispapiere Jahre vorher gestohlen hatte. Wenn dies nicht der Fall sein sollte, fragt man sich natürlich, wie dann die „RAF“ an die Papiere gekommen sein will. Sollten beide Gruppen dagegen identisch sein, so fragt man sich, wieviel Anschläge bundesdeutsche Behörden noch verübten?

Dies alles war vor dem Herrhausen-Attentat. Insofern muß man sich die Frage stellen dürfen: Sind bei diesem Anschlag amerikanische und/oder deutsche Staatsschützer beteiligt gewesen?

Zu viele Fragen (dies werden wir aufzeigen) blieben offen. Zu deutlich arbeiteten Professionalität der Täter und Pannen des Staatsschutzes Hand in Hand.

Zu sehr haben amerikanische Banken Angst und Respekt vor der Person Herrhausen gehabt, und zu deutlich ist erkennbar, daß nach Beendigung des „Kalten Krieges“ die Amerikaner auch wirtschaftliche Aggression als eine Art Krieg gegen Amerika betrachteten, den es zu beantworten galt.

Zu sehr muß es den Betrachter verwirren, daß ein halbes Jahr vor dem Anschlag Bonn einen neuen US-Botschafter erhielt – einen CIA-Spitzenmann, der erfahrungsgemäß nur kommt, wenn es

brennt. Der, wie er selber sagte, kommt, „*wenn der Patient am Sterben ist, um die letzte Ölung zu geben.*“ Er, der am Putsch in Brasilien beteiligt war, an dem Sturz von Allende in Chile, der nach Portugal geschickt wurde, als die „Rote-Nelken-Revolution“ der sozialistisch-kommunistischen Kräfte erfolgreich waren, der die Contras unterstützte im Kampf gegen die Nicaraguanische Regierung. Welche Aufgabe hatte dieser Falke? Was war den hier so wichtig, daß er kommen mußte? Wer wartete denn auf die letzte Ölung?
Ein Bankenboß, der vielleicht mächtigste Mann in Deutschland, der Glasnost für den Kapitalismus forderte. Einer, der dem Kapitalismus ein menschliches Antlitz geben wollte, einer der für den Schuldenerlaß der überschuldeten Dritte-Welt-Länder eintrat, aber auch einer, der mit „seiner“ Bank ganz nach oben wollte und als zukünftiger „Global Player“ den amerikanischen Geldmagnaten das Fürchten lehrte: So einer dürfte sich wohl mehr von amerikanischen Kreisen bedroht fühlen als von einer Gruppe deutscher Linksterroristen, die es in der Reinkultur ja auch gar nicht mehr gab.
Entweder saßen sie in bundesdeutschen Hochsicherheitstrakten, teilweise mit Haftbedingungen, die man bereits als Folter bezeichnen kann, oder sie waren längst tot (aufgehängt, verhungert oder erschossen). Manche hatten sich auch vor Jahren (mit Wissen bundesdeutscher Stellen) in die DDR abgesetzt und führten dort ein bürgerliches Leben. Die wenigen jungen Menschen, die nicht in die erwähnten Kategorien fallen, schienen weder willig noch fähig zu sein, einen gewaltigen Sicherheitsapperat zu umgehen und diesen Anschlag erfolgreich auszuführen, wie es notwendig gewesen wäre.

Bei diesen Menschen handelt es sich um Linke, die sich aus Angst vor diesem Staat ins Ausland abgesetzt hatten oder einfach „spurlos“ verschwanden – was kein Beweis dafür ist, daß die betreffenden Personen in den militanten Untergrund abgetaucht sind. Das Verschwinden von Menschen legt eher den Verdacht auf ein Verbrechen nahe, dem man nachgehen sollte.

Hier einige Daten - Fakten - Standpunkte zur Person Alfred Herrhausen:
1988 sprach Herrhausen zum wiederholten Male seine Forderung nach einen Schuldenerlaß der Banken zugunsten der Ärmsten aus. Sein deutscher Intimfeind von der Commerzbank nannte das, ins gleiche Horn wie die Amerikaner stoßend, eine „Schnapsidee“.
Die Wirtschaftswissenschaftlerin Gertraud Höhler nannte Herrhausen kurz und knapp „den Besten“. Sie war es auch, die nach seinem Tod schrieb:
„*Die Zukunft gehört den Lebenden, sie schaffen sich die Toten, die sie brauchen.*“
Der Beste, der Einzigartige, der Mächtigste, jemand über den das nicht nur gesagt wurde, sondern der es auch von sich selbst wußte.
Das machte es anderen Wirtschaftsgrößen im In- und Ausland nicht leicht. Wie müssen sie sich im Umgang mit ihm gefühlt haben, er der ewige Erste und sie die ewigen Zweiten? „Das Bessere ist der Feind des Gutem“, so sagt man, aber gilt das nicht auch im Umkehrschluß? Sind nicht auch „die Guten die Feinde des Besseren?“
Herrhausen warnte vor Umweltkatastrophen, Herrhausen trat gegen den Machbarkeitswahn an – und gleichzeitig war er ein Visio-

när, auch was die Vision seiner eigenen Größe und Macht anging. Er war „geschäftsmäßig", sagen die einen, „eiskalt", sagen die anderen.

Sein Ziel war das Ziel all derer, die Anteil haben an der Macht: weltweite Macht!

Das Zauberwort: „Global Player".

Am 30.3.89 titelte „die Welt": Die Deutsche Bank bläst zum Angriff – weltweit. Zu diesem Zeitpunkt befand sich unter den 10 größten Banken der Welt keine aus Europa. Anläßlich eines Interviews mit der Zeitschrift „Wall Street Journal" äußerte sich Herrhausen wie folgt:

„*Nein, die größte Bank der Welt wolle er nicht werden*" *43 was natürlich beinhaltete, daß alles, was auch nur eine kleine Stufe darunter lag, für ihn denkbar und machbar erschien. Ein wesentlicher Meilenstein auf seinem Weg zum Global Player war der Kauf der *Investmentbank Morgan Greenfall* in London. Kaufpreis: 2,7 Milliarden DM. Die größte Einzelinvestition der Deutschen Bank nach dem 2. Weltkrieg. Die *Investmentbank Morgan Greenfall* dürfte das renommierteste Bankhaus seiner Art sein. Sie ist wohl mehr als eine Armee wert im Kampf um den Einzug in die Hitliste der zehn größten Global Players.

Ein zweiter langfristig geplanter Schachzug war die von Herrhausen losgetretene Diskussion über den Schuldenerlaß, den die Deutsche Bank immer wieder führte. Selbstlos war ihr Engagement in der Sache ganz gewiß nicht. Bei den acht höchstverschuldeten Ländern der Welt sind deutsche Kreditinstitute mit lediglich 6% an dem Kreditvolumen beteiligt. Wie gefährlich das Kreditgeschäft jedoch für die US-Banken geworden ist, können uns folgende Zahlen zeigen:

Allein die Kredite der 5 größten US-Banken, die diese Brasilien gewährt haben, entspricht ca. 50% ihres Eigenkapitals. Was das bedeutet, kann sich wahrscheinlich nur einer vor Augen führen, der tieferen Einblick in wirtschaftliche Zusammenhänge hat. Wenn „nur" die Brasilienkredite platzen würden, hätten die 5 größten US-Banken enorme Probleme, die wahrscheinlich zum sofortigen Exodus führen würde. Die Hälfte ihres Eigenkapitals wäre aufgezehrt – sie stünden am Rande des Abgrunds.

Die ärmsten Länder der Welt haben ihren Geldbedarf überwiegend über Amerika gedeckt. Sie sind so enorm verschuldet, daß sie ihre Kredite nicht mehr zurückzahlen können.
In dieser Situation versucht Kuba die ärmsten Länder dazu zu bewegen, daß sie sich für zahlungsunfähig erklären. Das wäre so ziemlich das Schlimmste, was den US-amerikanischen Banken geschehen könnte, und nachdem Kuba damit nicht durchgekommen ist, kommt nun der Banker Herrhausen aus Deutschland daher und nimmt sie von der anderen Seite her in die Klemme, indem er einen Schuldenerlaß fordert.
Und das alles geschieht in einer Situation, in der in den Vereinigten Staaten ohnehin das große Bankensterben herrschte. In einer Situation, in der die größten US-Banken 50% ihres Eigenkapitals in brenzlige Brasilienkredite gesteckt hatten.
Der „moralische"(!?) Banker Herrhausen hätte für „einen Apfel und ein Ei" ganze gewaltige Finanzimperien aufkaufen können.
Dazu kommt noch, daß die deutschen Kreditinstitute nicht nur in vergleichsweise geringem Maße an den „wackeligen" Krediten beteiligt waren, sondern auch, daß es in Deutschland ein Gesetz gibt, das die Banken zwingt, für solche Kredite (potentiell gefähr-

dete Kredite) eine mindestens 50%ige Rücklage zu schaffen. Platzt also ein Kredit über 100 Millionen DM, so hat die Bank bereits 50 Millionen DM an Rücklage für diesen Fall beiseite gelegt, so daß ihre Existenz und die Anlagen der Sparer nicht gefährdet sind. Die Rücklagen, und das ist das Feine für die Banken in diesem unseren Lande, müssen nicht versteuert werden. Das heißt, wir alle als Steuerzahler schenken den Banken satt und reichlich Geld und tragen so ihr Risiko. Bei einem Steuersatz von 50% sparen die Banken also bei einer Rückstellung von 100 Millionen DM glatte 50 Millionen DM.

Unter Herrhausen waren jedoch für die gefährdeten Kredite nicht die Mindestrücklagen von 50% beiseite gelegt worden, sondern sogar 77%.

In Amerika gibt es ein solches Gesetz nicht. Für die Deutsche Bank stellte sich die Situation also wie folgt dar: geringes Engagement bei den gefährdeten Krediten, enorm hohe Absicherung durch 77% Rücklagen und dann noch dazu 50% Steuerersparnis.

Fazit: der Deutschen Bank hätte der Schuldenerlaß nicht im geringsten weh getan; sie hätte dafür aber billigst amerikanische Bankhäuser mit einem riesigen Filialnetz erwerben können. Die Rechnung wäre aufgegangen, und die Deutsche Bank wäre in kürzester Zeit zu einem der weltweit mächtigsten Kreditinstitute geworden.

Herrhausen hatte sich in ein Spiel eingekauft, und er war dabei, es zu gewinnen. Anscheinend gibt es bei diesem Spiel nur zwei Möglichkeiten: Entweder man hat Mitspieler, die gute Verlierer sind, oder man wird selber einfach aus dem Spiel genommen.

Ein Jahr nach seinem Tod zeigte sich deutlich, wie richtig Herrhausen mit seiner Analyse lag.

Das US-Bankensystem kollabierte. Teilweise bis zu 60% Kurseinbrüche bei ihren Aktien waren ein deutliches Zeichen. Bankhäuser mußten sich zwingend zusammenschließen, um zu überleben; andere wurden von der Bankenaufsicht geschlossen. Was sich da ereignete, war „die schlimmste Bankenkrise seit dem 2. Weltkrieg."*44

Die *Bank America* kaufte reihenweise Geldhäuser auf. Dabei war es doch gerade diese Bank, die der Deutschen Bank noch kurze Zeit vorher ihre über 100 Filialen in Italien verkaufen mußte. Laut „Frankfurter Rundschau" werden von den 14 000 US-Instituten innerhalb weniger Jahre nur noch die Hälfte übrig bleiben. Jetzt wäre die Zeit der Ernte gewesen für die Deutsche Bank und ihr Schlachtschiff, die Investmantbank Morgan Greenfall.

Wer nur eine Minute Macht hat, begeht ein Verbrechen

Herrhausen war eine Gefahr für die amerikanischen Bankkreise. Lassen wir an dieser Stelle William Webster, den damaligen CIA-Direktor zu Wort kommen:

... die Tendenz entfernt sich vom Ost/West Militärkonflikt hin zu einer globalen Bedrohung wirtschaftlicher Fragen. Wirtschaftsfragen sind bereits ein Schlüsselbereich unserer Außenpolitik und unserer (CIA-)Aufgaben bezüglich der nationalen Sicherheit. Es gibt eine Vielzahl von wirtschaftlichen Fragen, die unsere Sicherheit unmittelbar betreffen ... dazu gehören die Schulden der 3. Welt." *45

Kann man das noch deutlicher sagen. Wirtschaftliche Konkurrenten werden zu Feinden Amerikas.

Wirtschaftliche Fragen werden zu Angelegenheiten der nationalen Sicherheit, will sagen, sie werden zum militärischen Verteidigungsfall. Gleichzeitig ist damit Handlungsbedarf gegeben für die CIA!

Eine Tochter des Geheimdienstes ist die „USIP".

Deren Aufgabe besteht in der Finanzierung und Planung von Aktionen im Bereich des „Low Intensity Conflict".*46

„Low Intensity Conflicts" sind Kriege auf kleinstem Nenner mit möglichst geringen Opfern. Die Methode des totalen Krieges auf kleinster Flamme.

Innerhalb von USIP treffen sich dann auch mal wieder CIA und amerikanische Banker. Amerikanische Banker und amerikanische

Geheimdienste bilden hier einmal mehr ein kaum zu durchschauendes Netz. Wer majorisiert hier wen?
Richtig ist, daß der CIA immer wieder die Chase Manhatten Bank und andere US-Großbanken als Tarnung nutzen darf *47 und daß es zu regelmäßigen Treffen zwischen den CIA-Direktoren und Vertretern der Rockefellerbank Chase Manhatten sowie zwei Vertretern des Rockefeller-Familienclans kam. *48
Übrigens, es war der frühere Chase Manhattan-Spitzenmann Bruce Weinrode, der in der Leitung der USIP tätig wurde.

Diese Enthüllungen über Verbindung zwischen US-Banken und US-Geheimdiensten ließe sich beliebig fortsetzen, am augenscheinlichsten wurde sie jedoch anläßlich ihrer Zusammenarbeit bei der „Weltbank des Verbrechens", der BCCI.
Die BCCI hatte über 400 Filialen in 73 Ländern. Sie übernahm illegal die CIA-Hausbank, die First American Bankengruppe. Zu den illustren BCCI-Kunden gehörten Drogenbosse, Diktatoren, Geheimdienste und Terrorgruppen, Saddam Hussein, Manuel Nogira (siehe Bush-Kapitel) sowie der Terrorist Abu Ndahl. Hier wurden Schwarzgelder in ungeheuren Summen gewaschen und Kredite ausgeliehen an Personen, die es wahrscheinlich gar nicht gab. Was wirklich mit den Geldern geschah, blieb unerkannt. So erhielt etwa A. R. Khalil einen Kredit über 150 Millionen Dollar. Nach Empfang des Kredits war nicht mehr herauszubekommen, wer dieser Herr Khalil eigentlich war. In den Kreditunterlagen gab es keine Ausweiskontrolle, keine Bürgschaften, keine Wohnsitzangabe, sprich keine Anschrift. Da bekommt ein Mensch diesen ungeheuren Kredit, und man weiß nichts von ihm. Bis auf den

heutigen Tag weiß man nicht, wer dieses Geld wofür erhalten hat und wer sich hinter diesem ominösen Herr Khalil verbirgt.
Worauf hatte sich Herrhausen da eingelassen? Waren ihm die Gefahren nicht bekannt?
Nun, Herrhausen wußte, worauf er sich einließ. Er trat im März 1988 vor der *American Chamber of Commerce* (ACC) auf und begab sich damit sozusagen in die Höhle des Löwen. Die ACC ist so etwas wie die US-Handelskammer; sie ist bekanntermaßen eine Hochfinanz- und eine Geheimdienstorganisation.
Hier also sprach Herrhausen über die Notwendigkeit des Schuldenerlasses.
Er sagte u. a.: „*Natürlich hat Neuerung, Er-Neuerung, stets mit Widerständen zu kämpfen. Denn, so sagt schon Machiavelli, nichts ist von der Vorbereitung her zweifelhafter und von der Durchführung her gefährlicher, als der Wille, sich zum Neueren aufzuschwingen, Denn wer dies tut, hat die Nutznießer des alten Zustandes zu Feinden, während er in den möglichen Nutznießern des neuen Zustandes nur lasche Verteidiger findet*“. [*49]
Herrhausen wußte also genau, worauf er sich einließ. Wie genau er das wußte, kann uns auch folgendes verdeutlichen:
Als er 1987 vor der Weltbanktagung und der Tagung des internationalen Währungsfonds wieder mal Druck bezüglich des Schuldenerlasses für die 3.Welt machte, kochten und bebten die internationalen Banker.
„Nimm den nächsten Hubschrauber und verlasse Washington, du wirst hier abgeschossen“, so schildert Herrhausen seine Empfindungen in der US-Hauptstadt.
Dies zum wirtschaftlichen und politischen Hintergrund.

Von Terroristen und Staatsschützern

Wie fängt man linke Terroristen?

Wichtigste Technik ist, daß alle potentielle Opfer, Lockvögel darstellen.

Man bewacht also nicht nur die möglichen Opfer, sondern man baut eine große Gruppe von Spezialagenten um die gefährdeten Personen herum auf, ausgestattet mit allem, was der Staatsschutz zu bieten hat: Nachtsichtgeräte, Infrarotlampen, Funkverbindungen untereinander ... Polizisten, die solche Aufgaben erledigen, sind psychologisch hochmotiviert und haben eine aufwendige Spezialausbildung hinter sich.

Das alles ist nicht irgendeinem Tatort-Krimi entnommen, sondern nennt sich Fahndungskonzept 106.

106 deshalb, weil es auf dem 106. Arbeitstreffen der AG Kripo beschlossen wurde*50

Herrhausen galt als „der am meisten gefährdete Wirtschaftsmanager“ laut Verfassungsschutz.

- Auf dieses Konzept hatte sich Herrhausen verlassen.
- Auf sein gesichertes/gepanzertes Auto, einen vom BKA empfohlenen Mercedes, hatte sich Herrhausen verlassen.
- Aus seine zwei Begleitfahrzeuge (eines fuhr immer voraus und eines hinterher) hatte er sich verlassen.
- Auf seine politische Reputation, die er als Kohlberater und europäischer Banker genoß, hat er sich wohl auch verlassen.

Und dann passierte angeblich folgendes:

3-4 Monate vor seiner Ermordung versammeln sich die 5 meistgesuchten deutschen Top-Terroristen, sie observieren ihn, spähen ihn aus, und keiner der Staatsschützer merkt davon etwas. In der ruhigen Wohngegend müssen beide Seiten förmlich bemüht gewesen sein, sich aus dem Weg zu gehen, damit sie nicht übereinander stolpern.

Das Fahndungskonzept 106 besagt weiterhin:

„*Besonders sind auf Jogger zu achten, Menschen mit Walkmans, abgestellte Fahrräder und natürlich insbesondere auf Baustellen.*“

Aber, wie gesagt, man ging sich anscheinend aus dem Weg.

Die anfänglich 5 Top-Terroristen, später benötigte man bis zu 12 von ihnen,[*51] für die es nun einmal überlebenswichtig ist, nicht aufzufallen:

- sie observieren und fallen nicht auf,
- sie errichten eine Baustelle mit professioneller Absperrung und fallen nicht auf,
- der Bürgersteig wird aufgerissen und, ja wahrhaftig, sie fallen auf. Nicht etwa dem Staatsschutz der in großen Mengen dort herumlungern muß, sondern Passanten. Die fragen nach, was sie da machen, sie fragen nach dem dilettantischen Werkzeug, denn „damit brauche man ja viel zu lange“.
- Unsere vermeintlichen Linksterroristen beweisen Nerven und machen weiter,
- sie verlegen ein Kabel von Bürgersteig bis zur Taunustherme und fallen nicht auf,
- man stelle sich vor, der meistgefährdete Mensch der Bundesrepublik hat Leibwächter, er wird von Sondereinheiten des Staatsschutzes besonders bewacht. Das Fahndungskonzept 103 sorgt ja dafür, daß eine Vielzahl von Spezialagenten das ganze Gebiet abriegeln und auf die Terroristen warten,

- eigentlich müßten über einen Zeitraum von ca. drei Monaten die bestgeschulten und sensibilisiertesten Spezialeinheiten um Herrhausen rund um die Uhr ein verdecktes Personenschutznetz gelegt haben, und gleichzeitig wimmelte es bei Herrhausen vor der Tür monatelang von Terroristen.
- Und die Terroristen verlegen ein Sage und Schreibe 86 Meter langes Kabel zur Therme,
- aber nicht nur das: Der Staatsschutz merkt immer noch nichts, wohl aber der Hausmeister der Taunustherme. Er findet das 86m lange Kabel und entfernt es.
- Unsere hellsichtigen Terroristen haben den Zeitverzug natürlich mit eingeplant und verlegen das Kabel einfach ein zweites Mal unterirdisch (soviel Zeit muß sein!), und wieder fallen sie dem Staatsschutz nicht auf.
- Dann wird eine Batterie angeschleppt und eine Schalteinheit am Bürgersteig mit dem aus dem Boden sichtbar herausragenden Kabel installiert. Man will und will einfach nicht auffallen.
- Unsere Terroristen gehen auf die andere Straßenseite, um eine Aussparung in einem Straßenbegrenzungspfahl anzubringen und fallen nicht auf.
- Nun transportiert man ein Lichtschrankengerät zum Tatort. Ja verdammt, stolpert man denn immer noch nicht übereinander?
- Immer noch und immer wieder erscheint es, als ob der Staatsschutz und die Terroristen ihre Arbeitszeiten miteinander absprechen würden. „Heute bin ich von da bis da an dem und dem Ort, und dann kannst du ja mal gucken kommen, aber paß auf, morgen bin ich eine Viertelstunde vorher da, du weißt, ich will mit Regine abends ins Kino“ – so oder so ähnlich würde man es im Film bringen, wenn man von einer Absprache ausgehen

würde. Aber das wäre natürlich eine sehr böse Unterstellung. Staatstragender scheint uns die Annahme, daß der bundesdeutsche Staatsschutz, und hier insbesondere die Spezialeinheiten, einfach geschlafen haben, einfach ihre Aufgabe nicht gut erledigt haben, daß also die Terroristen meinen, ein so ein tiefes Wissen von der deutschen Beamtenseele zu haben, daß sie sich hierauf blind verlassen konnten. Wir weisen also nochmals den Verdacht zurück, daß es hier eine Stelle gegeben hätte, die die verschiedenen Arbeitseinsätze koordiniert und abgestimmt hat. Doch damit nicht genug:

- Die Lichtschranke mußte ja noch installiert werden. Eine Lichtquelle muß auf einen auf der anderen Seite anzubringenden Reflektor gerichtet sein, und das zurückkommende Licht muß wieder eingefangen werden. Bei der Breite der Straße ist das ein etwas langatmiges Unternehmen und eine millimetergenaue Geschichte. Ein LKW, ein Schulbus, und schon verstellt sich die Lichtschranke durch den Windzug.
- Dann nach der Ausspähung der Baustelle und der Installation kommt noch das Heranschaffen des Fahrrads.
- Das Heranbringen der Bombe, die an das 86 Meter lange Kabel angeschlossen werden mußte, und wahrscheinlich noch einiges mehr.

Der Generalbundesanwalt sagte zum Beispiel vor den Abgeordneten des Bundestages:

„*Die RAF-Mitglieder seien bis zum 27.11.89 mit der fortlaufenden Kontrolle der Sprengfalle beschäftigt gewesen.*“

War der Staat nun völlig überrascht?

Auch das nicht:

Der Leiter des Bundesamtes für Verfassungsschutz hatte bereits 2 Wochen vor dem Anschlag so einen hellsichtigen Moment gehabt. Mediengerecht verkündete er: „Wir müssen uns darauf einstellen, daß die Kommandoebene der RAF („wenn wir nur eine Ahnung hätten, wer das denn ist, der der RAF die Kommandos und die Befehle gibt“ Anm. des Hrsg.) nach wie vor aktionsfähig ist, damit wir nicht eines Tages von neuen Aktivitäten überrascht werden.“*52

Also der Mann ist gut, der hat Gespür, der scheint uns fast hellsichtig zu sein, oder hatte er genauere Informationen?

Wer war dieser geniale Mann noch mal gleich? Ein Name, den man sich merken sollte: Gerhard Boeden. War er nicht der Mitverantwortliche bei der Geschichte, wo der Staat und die RAF identisch waren, nämlich beim Celler Loch?

Seine Verwicklung in diese interessante Spielart des „Machtmonopols des Staates“ hat ihn auf seinen Weg nach oben offenbar nicht geschadet. Also dieser Mann beweist seine anscheinend prophetischen Fähigkeiten und warnt uns 2 Wochen vor dem Herrhausen-Attentat vor neuen Anschlägen der RAF-Kommandoebene.

Neben den erwähnten, gibt es natürlich noch einige andere Auffälligkeiten:

- Es müssen 3 Fahrzeuge vom Haus Herrhausen losgefahren sein. Ein Fahrzeug, das unmittelbar davor fährt, dann das Herrhausen-Auto, dann der Wagen, der den kleinen Konvoi von hinten schützt. Laut Zeugenaussagen sind aber nur 2 Fahrzeuge gefahren.
- Laut dem ehemaligen Verfassungsschutzpräsidenten Dr. Richard Meier (Mitarbeiter nannten ihn „die ehrliche Haut“) wur-

de das vordere Begleitfahrzeug abgezogen.[*53] Peinlich, peinlich! Den Ärger, den er wahrscheinlich wegen dieser Aussage bekommen hat, kann man sich ausmalen.

- Dann das „sichere Auto“. Der Anschlag wurde nachgestellt. Monitor berichtete: „äußerlich beschädigt – innen nichts passiert.“ Wurde an dem Fahrzeug manipuliert? Die Schäden, die zum Tode führten, passierten anscheinend nur in dem Wagen des Ermordeten, in anderen Wagen des gleichen Typs, mit gleichen Sicherheitsmaßnahmen anscheinend nicht. Die gepanzerten und gesicherten Wagen, sind ja normalerweise genau für solche Anschläge konzipiert.
- Herrhausen stirbt durch ein herumfliegendes Metallteil, das ihn am Oberschenkel verletzt. Wie kann das sein? Lassen wir einen Sicherheitsexperten zu Wort kommen: „Die hinteren Türen sind vollkommen unzureichend gepanzert gewesen.“ *54
- Ein weiterer Spezialist (Panzerungsmechaniker) bestätigt: „Das Fahrzeug hatte Sicherheitsmängel. Dadurch konnte auch die ganze Detonation, die Bruchwelle ins Fahrzeuginnere eindringen.“ *55
- Sicherheitsbehörden bestätigen daß Herrhausen: „mit einem ferngesteuerten Sprengsatz getötet wurde.“ *56 Später mußten sie ihre eigene Darstellung dementieren, wegen der Lichtschrankenfalle, die ja sonst absoluten Placebocharakter gehabt hätte.
- Am 15.12.89 erscheint in der Österreichischen Presse folgende interessante Information: ein Fahnder der Herrhausen-Sonderkommission erklärte, „der Zündmechanismus sei im Ausland getestet worden“*57

- Nach Schells Ansichten sind die Leitungen schlicht eine „Legende, die aufgebaut worden ist, um vielleicht den Täterkreis in eine bestimmte Richtung, vielleicht sogar in Richtung RAF zu lenken."
- Gegen die Sprengung mit der Leitung unter Zuhilfenahme der Lichtschranke spricht auch das Fehlen des Reflektors, ohne den es nicht gehen kann. Die Aussparung ist da, der Reflektor nicht.
- BKA Präsident Zachert behauptet, der Reflektor wurde gefunden! Der BKA Pressesprecher sagt, der Reflektor sei gefunden! Ein weiterer BKA-Sprecher teilte der Zeitung Welt mit: Reflektor *nicht* gefunden. Gleiches sagt der zuständige ermittelnde Oberstaatsanwalt Schulz, der den Ermittlungen am Ort beiwohnt: „*Von dem Reflektor haben wir nichts gefunden.*"*58 Tatsache ist also allem Anschein nach: es gab keinen Reflektor, sonst hätten der am Tatort zuständige Oberstaatsanwalt und seine Leute ihn ja wohl gefunden.
- Laut BKA-Chef Zachert würde die Ausführung dieses Anschlages ja wohl deutlich für sich sprechen, was die Frage betrifft, wer hinter diesem Anschlag stehe. Was will er uns damit sagen? Meint er, es wäre die RAF, oder meint er, es wären hier andere Profis am Werke gewesen. Es ist doch immer die Frage, wie man eine Geschichte beleuchtet. Und wenn er meint, es sei die RAF, an *welche* RAF denkt er dabei? Bestimmt nicht an die 1. und 2. Generation, denn die sind bereits tot, gefangen oder haben sich abgesetzt. Meinte er eine 3. Generation oder die RAF von Michelstadt, vielleicht auch die von Celle?
- Und nochmals Robert Schell, diesmal in der Fernsehsendung „Brennpunkt": „*Ich kann nur sagen, es sind absolut professio-*

nelle Täter gewesen. Bei dem Sprengstoff TNT, der verwendet wurde – handelt es sich um einen militärischen Sprengstoff – und meistens sind es militärische, paramilitärische oder Geheimdienste, die mit solchem Sprengstoff arbeiten:"

- Dann gab es da noch das Fahrrad. Laut später vorgelegte Fotos des BKA ist es total zerstört; laut Zeugenaussage von einem Angestellten der Königstherme, der direkt am Tatort war, wurde es nur leicht beschädigt.
- Dann gab es noch den V-Mann Siegfried Nonnen, angeblich Mitglied einer linksextremistischen und terroristischen Gruppe mit Namen RAF. Er arbeitete für den Verfassungsschutz. Er sagte, ja ich war an dem Anschlag beteiligt. Er belastete u. a. Christoph Seidler, Andrea Klump. Ja, er war drogenabhängig, ja er war psychisch krank, aber das Interessanteste: im ARD-Fernsehen widerruft Nonnen alle belastenden Aussagen. Er erklärt öffentlich, er sei maximal unter Druck gesetzt worden, und zwar vom Hessischen Landesamt für den Verfassungsschutz: "*Meine gesamten Aussagen, was das Attentat betrifft, was die Personen betrifft, die es gemacht haben sollen, ist gelogen gewesen. Aber nur auf Grund dessen, weil ich durch das Hessische Landesamt für Verfassungsschutz dazu gezwungen wurde.*" *59

  Kleine Anmerkung: Können Sie sich vorstellen, heute würde sich irgend eine Sendung oder ein Sender trauen, so etwas zu veröffentlichen? So ändern sich eben die Zeiten.
- Einige Bürger gaben an, den „Bautrupp" gesehen zu haben und sogar mit Arbeitern gesprochen zu haben. Mit Fotos von Christoph Seidler und Andrea Klump konfrontiert, konnten sie keinen erkennen. Peinlich für den Staat: Dieser verzichtete auf das

Vorlegen der Fotos bei den Zeugen; dies mußten erst Redakteure der Sendung „Monitor“ tun. Warum das BKA darauf verzichtete, bleibt eines der unergründlichen Geheimnisse und gibt einmal mehr Anlaß zur Spekulation.

- Als Letztes zum Tathergang: Die Bombe explodiert und nichts, aber auch gar nichts geschieht. 3-4 Minuten lang warten die Personenschützer, ehe sie sich dem Autowrack nähern. Dann ziehen sie den leicht verletzten Fahrer heraus. Dann wartet man wieder gute 5 Minuten, ehe man zu Herrhausen geht. Herrhausen, das wissen wir heute, hatte den Anschlag überlebt (man hat Smauchspuren in seiner Lunge gefunden, was beweist, daß er noch lebte). Er war an der Hauptschlagader am Oberschenkel verletzt und wäre mit einem simplen, rechtzeitigen Abbinden des Beines ggf. zu retten gewesen. Man ließ in einfach verbluten.
- Ab jetzt geht alles sehr schnell: Bereits einunddreißig Minuten nach dem Anschlag und 23 Minuten nach dem Tod riß der Generalbundesanwalt die Ermittlungen an sich, weil man von einem terroristischen Anschlag ausging. Wie man das innerhalb von 31 Minuten prüfen konnte, bleibt wohl für alle Zeit ein Geheimnis.

Eine abschließende Betrachtung

Eine mögliche Betrachtungsweise der ganzen Geschichte ist wohl die: Herrhausen war den großen amerikanischen Banken im Weg.

Die US-Banken sind, wie wir gesehen haben, eng mit den US-Geheimdiensten verbunden.

US-Geheimdienste unterwandern und gründen Terrororganisationen, dafür gibt es zahlreiche Zeugen und Belege.

US-Geheimdienste unterwandern Behörden und Verwaltungsorgane von staatlichen Institutionen.

US-Geheimdienste verüben Anschläge bis hin zu Tötungen.

US-Geheimdienste sehen bei wirtschaftlicher Bedrohung der Vereinigten Staaten einen „Verteidigungsfall" gegeben.

Der US-Botschafter und CIA Mann Walters kommt nur zur "Letzten Ölung", wie er selber sagt. Welcher Patient lag da wohl im Sterben?

Herrhausen aber legte sich noch auf einer ganz anderen Ebene mit den Fürsten dieser Welt an.

So forderte er z. B. eine „polnische Entwicklungsbank" oder auch eine „europäische Entwicklungsbank". Sie sollte Polen und Osteuropa dabei helfen, Anschluß an den Westen zu bekommen. Der deutsche Banker wollte kein Armenhaus Osteuropa. Er wollte aber auch nicht die Wild-West-Methoden des sogenannten *Bretton-Wood-Systems* von den Vereinigten Staaten beherrschten *Internationalen Währungsfonds (IWF)* und der *Weltbank.* Mit diesem Vorstoß, der de facto einem Bestreben nach mehr Distanz und Unabhängigkeit Europas von den US-dominierten Bankensystemen gleichkam, hatte er sich in gewissen Kreisen auch nicht gerade beliebter gemacht.

Mit seinem Engagement wollte er den Osten aufmachen für eine Art „Super-EG". Die Gewichtung der Wirtschaftsblöcke Amerika, Japan und Europa hätte sich in diesem Fall erheblich zugunsten von Europa verschoben.

„Das Haus Europa“ oder Jalta?

Fletcher Proutly war Air Force Colonel, er war im Pentagon für den Bereich *„Spezial Operation“* zuständig.
Fletcher Proutly war auch als CIAler aktiv an der Schweinebuchtaktion beteiligt.*60
Fletcher Proutly arbeitete als Berater für Oliver Stones Film JFK (John F. Kennedy); er nennt in dem Film einige Hintergründe über den Kennedymord.
Heute arbeitet er anscheinend mit einer der größten privaten Geheimdienste zusammen, der *LaRoche Gruppe*.
Das Ziel der LaRoche Gruppe ist nicht hinreichend bekannt. Sie tritt oftmals im politisch „linken Gewand“ auf und fordert gleichzeitig den Einsatz von Atomkraft und Strahlenwaffen.
Sicher ist: die LaRoche Gruppe ist immer hervorragend informiert. So gut sogar, daß die grüne Bundestagsabgeordnete Petra Kelly eine Anfrage an die Bundesregierung bezüglich Querverbindungen zu deutschen Geheimdiensten richtete.
Der private Geheimdienst der LaRoche Gruppe wurde von Anno Hellenbroich geleitet, einem Bruder des früheren Chefs des Verfassungsschutzes Heribert Hellenbroich. In der Zeitschrift „Solidarität“ schreibt Fletcher Prouty folgendes:
„Sein Tod zu dieser Zeit ... und die bestürzenden Umstände seines Todes ... ähneln der Ermordung Präsident Kennedys 1963. Betrachtet man die enormen Ereignisse in der Sowjetunion, in Osteuropa und besonders in Deutschland ... dann hat der Mord an Herrhausen eine enorme Bedeutung. Er darf nicht als von vielen Terroranschlägen unter den Teppich ge-

kehrt werden ... Wirkliche Terroristen ermorden einen Bankpräsidenten nicht ohne besonderen Grund. Die meisten Terroristen sind bezahlte Strohmänner und Werkzeuge großer Machtzentren. Irgendwelche großen Machtzentren wollten den Vorstandssprecher der Deutschen Bank an diesem Tag, auf diese Weise, aus irgend einem Grund aus den Weg räumen und anderen eine Lehre erteilen. In dieser Art und Weise seines Todes lag eine Botschaft.“ *61

Laut einer italienischen Zeitung gab Proutly folgende Informationen:

„Kennedy, Aldo Moro, Enrico Mattei und Olof Palme sind alle aus demselben Motiv ermordet worden - weil sie die Kontrolle der Welt durch das „Kondominat von Jalta“ nicht akzeptiert haben. Ja, in der Tat, hat sich eine kleine Machtelite bedroht gefühlt“. *62

Prouty sagt also, es seien Kennedy, Herrhausen, Olof Palme und Aldo Moro gewesen, die sich gegen die Beschlüsse von Jalta gewandt hätten.

Ein wiedervereinigtes Deutschland, ein Großbanker, der ein *Glasnost* des Kapitalismus fordert, der das gemeinsame Haus Europa, von dem auch Gorbatschow beseelt war, auch wirtschaftlich in die Tat umsetzen will. Der in einem wirtschaftlich und später dann auch politisch vereinten Europa die Stellung Deutschlands festigen will ... Hier sollte an den Machtstrukturen, wie sie in Jalta festgelegt worden waren, gerüttelt werden. Dabei hatte sich Jalta selbst ad absurdum geführt; zu eklatant waren die Schwächen der Siegermächte Frankreich und Großbritannien und erst recht der Sowjetunion. Herrhausen war mit einigen anderen dabei, dieses Machtvakuum zu schließen und die weltpolitischen- oder besser gesagt: die Weltwirtschafts-Karten, neu zu mischen. Wer kann sagen, ob eine bessere Welt dabei herausgekommen wäre, wenn Herrhausen „gewonnen" hätte, denn *wer auch nur eine Sekunde Macht hat, begeht ein Verbrechen.*

Die US-Regierung ist, was Jalta betrifft, äußerst sensibel. Die „New York Times" zitiert ein geheimes Pentagonpapier. Hier heißt es deutlich, daß das erste Ziel der USA sein müsse:

„das Wiedererstehen eines neuen Rivalen zu verhindern. Wir müssen versuchen zu verhindern, daß irgendeine feindliche Macht eine Regierung dominiert, deren Ressourcen für die Schaffung einer globalen Machtposition ausreichend wären. Bei den in Frage kommenden Regionen handelt es sich um Westeuropa, Ostasien, das Gebiet der früheren Sowjetunion und Südwestasien. Unsere Strategie muß erneut darauf hin zielen, das Entstehen eines jedweden künftigen Konkurrenten." *63

Und Henry Kissinger fügte hinzu: *„auch wenn sich heute noch keine europäische Macht gegenüber den USA feindlich zeige, so nähme man doch den Beginn eines irgendwie gearteten hegemonialen Verhalten in jener Region unverzüglich als feindliches Verhalten wahr. Eine diesbezügliche Herausforderung könne sich einerseits aus den europäischen Instabilitäten ergeben (Anm. d. Hrsg.: Bosnien läßt grüßen) und zweitens - from the redefinition of Germanys role*" *63a

Mächtige Feinde hatte sich der große europäische Visionär gemacht, wirklich mächtige Feinde, denn nichts anderes als hegemoniale Politik war das, was Herrhausen plante und anging.

Und das Sterben geht weiter

Selbstverständlich war nicht nur Herrhausen an dem Thema Schuldenerlaß und Glasnost des Kapitalismus interessiert. Da gab es natürlich auch noch andere. Zum Beispiel sein Vorstandskollegen Werner Blessing. Blessing war sozusagen der Vorgänger von Herrhausen als Vertreter dieser Position innerhalb des Vorstands der *Deutschen Bank.* Seine Vorstellungen veröffentlichte er u. a. in dem Buch *Die internationale Verschuldungskrise – Ursachen, Auswirkungen, Lösungsperspektiven.* Dieses Buch beinhaltet Vorträge des *V. Malenter Symposiums* vom 11. - 13.11.85, veranstaltet von der *Heinrich Dräger Stiftung.*

Werner Blessing starb völlig überraschend 56jährig während eines Urlaubs. Todesursache: Herzinfarkt.*64

Zwei Monate vor seinem Tod hatte der Banker angekündigt, er wolle sich mit der *Deutschen Bank* wesentlich stärker in den USA engagieren. Blessing war innerhalb der *Deutschen Bank* das zuständige Vorstandsmitglied für Nordamerika.

Ca. sieben Wochen nach Blessing, am 11.10.87, starb ebenfalls plötzlich und unerwartet ein weiterer Referent des *V. Malenter Symposiums* und Autor eines Aufsatzes in oben genanntem Buch:

Uwe Barschel, Ministerpräsident in Schleswig Holstein. Sein Thema: *Die internationale Verschuldungskrise aus Sicht der Bundesrepublik Deutschland.* *65

Sieben Wochen nach Barschel, am 29.11.87 starb 57jährig „völlig überraschend“*66 der Wirtschaftswissenschaftler Armin Gutewski. Auch Gutewski war Vortragender auf *dem V. Malenter Symposium* und Autor in diesem Buch.

„*Unabhängigkeit bedeutete für Armin Gutewski die Unabhängigkeit von Interessengruppen, auch jener der Unternehmerschaft.*“*67

Woran er starb, ist nicht festgestellt worden. Freunde und seine Ehefrau „verhinderten“ eine Obduktion. Warum die Polizei die Leiche überhaupt ins Gerichtsmedizinische Institut bringen wollte, bleibt dem aufmerksamen Beobachter unklar.

Zehn Monate später wird auf den Staatssekretär Hans Tietmeyer ein Anschlag verübt, der nicht gelingt. Eine Gruppe mit dem Namen RAF übernahm die Verantwortung. Auch er war Referent auf dem *V. Malenter Symposium.* Sein Thema: *Strategien zur Vermeidung neuer Schuldenkrise – Forderungen an die Industrieländer.*

Das Thema „Schulden“ scheint doch ein sehr belastendes Thema zu sein, wenn man bedenkt, wie auffällig rasch man dabei sterben kann.

Etwas Bauchweh bleibt immer

Wir könnten noch lange bei diesem Thema bleiben, könnten uns noch so manch dubiosen Anschlag der RAF anschauen. Wir könnten uns auch die Politik derer betrachten, die die Opfer beerbten. Der Satz, die Opfer seien austauschbar, ist nicht wahr. Die Politik der *Deutschen Bank* nach Herrhausen war eine völlig andere; das kann man wunderbar belegen. Die Politik einer Frau Breuel, nach Rohwedder, war eine völlige andere. Wir könnten Geschichten zum Schmunzeln erzählen über mißglückte Anschläge und die offizielle Begründung dafür, warum diese Anschläge nicht geklappt haben, so daß der sensibilisierte Leser, fast gar nicht anders kann als an Geheimdienste zu denken, wenn er RAF hört.

Wir möchten dieses Thema jetzt einfach einmal beiseite lassen und es mit zwei Zitaten beenden. Zum einen wollen wir nochmals den US-Botschafter und Top-CIAler Walters zu Wort kommen lassen: *„... die hohe Qualität der Zusammenarbeit zwischen den Nachrichtendiensten und der Justiz in der Bundesrepublik Deutschland mit amerikanischen Behörden außerordentlich zu schätzen ...“* *68

Und dann wäre da noch Philip Agee: *„Das wichtigste bei paramilitärischen Aktionen ist, daß man nicht erkennen darf, daß der CIA oder die US-Regierung dahintersteckt. Ziel muß es sein, daß man sie einer anderen Organisation oder anderen Personen unterschieben kann.“* *69

Die Hintermänner

Wie wir in diesem Buch aufzeigen konnten, scheint die Macht des US-Geheimdienstes einfach unbeschränkt zu sein. Wem aber dient der Geheimdienst, wer steht hinter ihm und wem ist er verpflichtet?

Der 2. Teil des Werkes D*ie Macht* wird sich mit dieser Frage befassen, indem in erster Linie nicht die Machenschaften – die Erscheinungsformen des Machtmißbrauchs – dargestellt werden (obwohl auch darauf noch eingegangen werden wird), sondern das Netz aus Namen und Verbindungen, das hinter diesen „Symptomen" der Erkrankung, die unseren Planeten befallen hat, steht.

Aus dem Inhalt: Die Hintermänner des CIA, der *Schwarze Adel*, Namen von Prominenten und einflußreichen Freimaurern, Namen und Organisationen des *Komitee 300*, *Bilderberger*-Teilnehmerlisten (auch deutsche Teilnehmer), Mitglieder des *CFR*, *MJ 12* und deutsche Mitglieder des *Rotary Clubs* (inklusive ihrer wirtschaftlichen und politischen Verbindungen!!!). Deutsche Politiker – nur ein Gerücht? Ein schuldenfreies Deutschland innerhalb weniger Jahre (Einzige Voraussetzung: der politische Wille dazu). Hinzu kommen noch eine Vielzahl von weiteren brisanten Themen: Zusammenarbeit der Mächtigen in Ost und West, Mond- und Marsbesiedlungsprogrammen, Freie Energie und ihr Mißbrauch innerhalb des HAARP Projekts, Deutsche Technologie im 3. Reich, Hohle Erde, Höhlen- und Tunnelsysteme, Mind Control, Mafia und CIA, Montauk, Klonen und Killerviren, die Loge P2 und die Geheimarmee Gladio („das blutige Schwert des CIA“) und und und

Auch in diesem Buch versuchen wir, aufzuzeigen, was für Alternativen wir noch haben, versuchen, Lösungsansätze aufzuzeigen. Ein Buch *Die Macht III* ist ebenfalls geplant – mit einer Vielzahl von aktuellen Themen.

Und wo stehe ich?

„Die Würde des Menschen ist unantastbar" und *„der Mensch ist ein Gleichnis Gottes"*. *„Die Freiheit ist das Wesen des Menschen – der Mensch ist die Hierarchie der Freiheit"*.*70 Können wir an diese Dinge noch glauben, nach dem wir von all diesen Schweinereien gehört haben, die auf der Welt passieren?
Was können wir dagegen tun? Wir alle müssen lernen, unserem Wesen gemäß zu leben. Eins sein mit uns heißt: zu unseren Wurzeln finden und uns auf das Wesentliche *in uns* und *für uns* zu konzentrieren. Wenn wir das tun, werden wir im Urgrund unseres Seins unsere Würde finden – unsere Freiheit.
Diese Freiheit ist nicht die „Freiheit *von* etwas", sondern die „Freiheit *für* etwas". Freiheit und Verantwortung gehören zusammen. Wenn wir dieses Mysterium ergreifen, werden wir zu einer Gefahr für die „Mächtigen" dieser Welt, und wir werden zu einem Lichtstrahl für einen Teil der Schöpfung. Nicht zuletzt werden wir dadurch selbst zu dem, der wir eigentlich sind. Es zu ergreifen heißt, es immer wieder *neu* zu ergreifen, von Mal zu Mal aufs Neue den Entschluß zu fassen und von Mal zu Mal aufs Neue der Versuchung zu widerstehen, einfach wegzutauchen, der Verantwortung und der Freiheit und damit dem Wesen des Menschseins nicht gerecht zu werden.
All das hier Beschriebene ist jedoch nur der Weg und nicht das Ziel. Ziel unseres ganzen Weges, Ziel unseres Strebens war, ist und wird immer sein: die Liebe. Nur kann man dieses Ziel nicht durch Macht erreichen. Der Weg und das Ziel müssen in ihrem Wesen eins sein, und das bedeutet, daß das Ziel der Liebe nur auf den Weg der Freiheit erreicht werden kann.

Bei all den täglichen Schrecken, bei all den Katastrophen, bei all der Hoffnungslosigkeit, mit der wir konfrontiert werden, die sich überall breit macht und uns lähmt, bleibt uns die Gewißheit, daß wir uns jederzeit, egal wieviel Prügel gerade auf uns niedergeht, aus dieser Umklammerung herauskommen können. Wir müssen uns selbst nur ernst nehmen als das, was wir in Wahrheit sind: etwas Einzigartiges, Spiegelbild Gottes und gleichzeitig, durch das Geschenk der Freiheit, eine absolut individuelle Wesenheit.

Wir können jederzeit zum Magier und Alchimisten werden, wir sind jederzeit dazu fähig, aus Unedlem etwas Edles zu machen. Wir sind potentiell der Regenwurm, der Müll frißt und daraus besten Humus produziert, der damit auch selbst zum bestem Humus wird.
Auf diese Fähigkeit haben die „Fürsten" dieser Welt nur bedingt Einfluß. Sie können dich lähmen und ablenken, sie können versuchen Dich von Deinem Weg abzubringen, aber mit jeder Erinnerung an das Gute, mit jeder Erinnerung an die Liebe und mit jeder Erinnerung an Deine eigene Würde kannst du diese Fesseln sprengen.
Spreng sie jetzt, jetzt sofort, nicht morgen, nicht irgendwann, nicht nachher, sondern *jetzt*! Laß diesen Impuls in Dir nicht wieder verschwinden. Nimm Dein Schicksal selbst in die Hand und gib es nicht wieder in Verwahrung. Tritt aus der Umklammerung des Funktionierens und Reagierens heraus und *fange an zu handeln*!

Die menschgewordene Gottheit, Jesus Christus, steht Dir bei.

Quellen

1 „Zurück in unsere Zukunft" E.T.Publishing Unlimited, c/o Michaels Vertrieb, 86971 Peiting, ISBN 3-89539-260-X

2 Näheres erfahren Sie in dem Buch *„Namen und Organisationen der geheimen Weltregierung"*, Edition Pandora, ISBN 3-89539-275-8, DM 28,--

3 aus einer eigenen, *internen CIA Studie*

4 dem *Nationalen Sicherheitsgesetz* von 1947

5 *„Alternative 3"* ISBN 3-89539-288-X, Edition Pandora, Peiting, DM 32,--

6 laut *Cover Aktion Informations Bulletin Nr.33*, Winter 1990

7 *CIA and the Cult of Intelligence* von Marchetti und Marks, A.Knopf, Inc.,New York

8 Joseph Persico: *Casey*, New York 1991, S. 458

9 Jonathan Kwitny: *Endless Enemies*, New York 1984, S. 9

10 aus der *„unautorisierten" Bush-Biographie* von Webster G. Tarpley und Anton Chaitkin

11 Konrad Ege: *Georg Bush: Der neue Präsident*

12 zitiert nach: Roth: *Mitternachtsregierung*

13 „High Times" 9/91 und Lane: *Plausible Denial*

14 siehe hierzu das Video aus der Edition Pandora

15 Diese Infos verdanken wir dem *„Spiegel" 15/92*

16 „*Spiegel*" 15/92

17 Zitate aus der *Bush- Biographie* von Konrad Ege

18 „*Der Spiegel*", 8. Juni 1992.

19 *MJ 12*, Edition Pandora 3-89539-277-4

20 William Engdahl: *Was steckt hinter den Währungskriegen des George Soros*?"; EIRNA-Studie *Derivate – Die finanzielle Wasserstoffbombe der 90er Jahre*

21 Mair Kunhandan und Michael Opperskalski: *CIA – Club der Mörder*

22 Werner Raith: *Gladio – das Erbe des Kalten Krieges* von Leo Müller

23 Die US-Zeitschrift „*Cover Aktion Information Bulletin*" und in dem in deutscher Sprache erschienenen Taschenbuch: *Das RAF Phantom* (ISBN 3-426-80010-1, Droemer Knaur Verlag, DM 12,90

24 zitiert nach: Philip Agee: *Tagebuch, CIA Intern*

25 ausgestrahlt in der Sendung *Time watch*, BBC vom 30.4.92.

26 zitiert nach: *Das RAF Phantom,* Droemer Knaur,München

27 „*Cover Aktion Informations Bulletin*", Nr. 3, Jan. 19979.

28 *Redemanuskript* Vernon Walters am 27.4.89.

29 Jürgen Roth: *Mitternachtsregierung, Geschäfte und Verbrechen der Politmafia*

30 *Schwarzbuch: CIA und Contra*, Autoren u.a. Bahrmann.

31 „*FAZ*“ 10.1.’89.

32 „*Süddeutsche Zeitung*“ vom 22.10.84.

33 „*Süddeutsche Zeitung*“ vom 22.10.84.

34 D*as RAF Phantom.*

35 Bommi Baumann :*Wie alles anfing*

36 Aust*: Mauss – ein deutscher Agent*

37 Peter-Jürgen Bock in der *TAZ* vom 16.2.92.

38 „*Abendzeitung*“ 26./27.4.86

39 „*Vorwärts*“, 3.5.’86

40 „*Spiegel*“ 18/86

41 Hamburger Abendblatt

42 „*Spiegel*“ 18/86

43 siehe: „*Wall Street Journal*“ 1./2.12.89

44„*Frankfurter Rundschau*“, 8.1.91

45 Rede des CIA Direktors William Webster vor der Los Angeles World Affairs Council am 19.9.89, *Redemanuskript*

46 „*Z Magazine*“, Sommer 90

47 Jonathan Kwitny: *Endless Enemies*

48 Joseph Persico: *Casey*

49 Ballhausen: *Alfred Herrhausen-Macht, Politik und Moral*

50 Wolfgang Schäuble: *Protokoll der 71. Sitzung des Innenausschuß des Deutschen Bundestag* am 7.12.89

51 „*Stern*“ vom 22.3.90

52 *Frankfurter Rundschau*, 2.12.1989

53 Deutscher Bundestag: *Protokoll der 71. Sitzung des Innenausschußes* vom 7.12.89

54 *Monitor* vom 30.3.92

55 *Monitor*, vom 30.3.92

56 *DPA*, 2.12.89

57 „*Kuriere*", 15.12.89

58 Bundestag, *Innenausschuß*, 7.12.89

59 ARD-Sendung „*Brennpunkt*", 1.7.92

60 *In the times*, 21.1.92

61 Sonderdruck der Zeitschrift „*Solidarität*", Juli 1992

62 *L`Unita* vom 19.3.92

- *New York Times* 08.03.1992
- 63a Konkret, 9/92

63 „*Frankfurter Rundschau*" 24.8.1987

64 u. a.: Blessing: D*ie Internationale Verschuldungskrise - Ursachen, Auswirkungen, Lösungsperspektiven*

65 „*Neue Züricher Zeitung*" 2.12.87

66 „*Neue Züricher Zeitung*" vom 2.12.87

67 Vermont Walters: Die *deutsch-amerikanische Partnerschaft auf den Prüfstand.* Ansprache am 27.4.89 auf der Gedächtnisveranstaltung für den von der RAF ermordeten Karl Heinz Beckurts

68 *Tagebuchaufzeichnungen – CIA Intern*

69 *Der Anfang*, Edition Pandora, 86971 Peiting

NEUE ENERGIEN

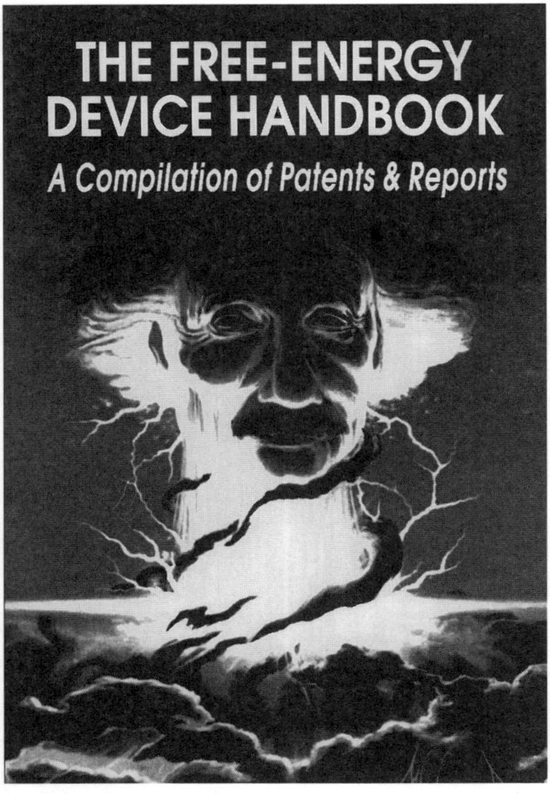

Das Freie Energie Handbuch

Ein Kompendium von Patenten und Information

In diesem bisher wohl einmaligen Werk findet der Leser ein Fülle von Informationen und Patenten zu den Themen: Freie Energie, Magnetmotoren, der Adams Motor, der Hans Coler Generator, Kalte Fusion, die „Superconductors", „N" Maschinen, Kosmische-Energy-Generatoren, Nikola Tesla, T. Townsend Brown, der Bendi Motor und und und.
Das Kompendium enthält viele Fotos, technische Diagramme, Patente und eine Vielzahl von faszinierenden Informationen.

Seiten ca. 600
DM ca. 78,—
ISBN 3-89539-291-X

NEUE ENERGIEN

Das Homopolar Handbuch

Ein Grundlagenbuch der Freien Energie

Das Homopolar Handbuch ist der definitive Führer für die Faradayische Scheiben-Generatoren und die N-Maschinen-Technologie. Es ist das neuste Buch von Thomas Valone, dem Autor des Buches „Elektro-Gravitation-Systeme". Tom Vallone ist einer der bekanntesten Wissenschaftler in dem Bereich Antigravitation und Freier Energie.
Das Homopolar Handbuch stellt einen Meilenstein dar bei der Aufzeichnung über Permanet-Magnet-Maschinen und Freie Energie-Maschinen. Das Buch ist bis zur letzten Seite voll von technischen Informationen, die oft bis ins Detail gehen.
Es gibt Kapitel über „Faraday Disc Dynamic" über „Unipolar Induction", den „field rotation paradox" und der „Stelle Homopolar Machine" genauso wie über „Trombly-Khan Closed-Path Homopolar Generator" und der „Sunburst Machine".
Der Wissenschaftler schildert ausführlich die Ergebnisse zahlreicher Experimente mit den diversen Freien Energie Maschinen. Das Werk ist auch für den interessierten Laien noch verständlich.

DM 48,—
ISBN 3-89539-295-2

NEUE ENERGIEN

DAS HAARP-PROJEKT

Das HAARP-PROJEKT ist die größte Bedrohung, der wir Menschen, der die ganze Erde jemals ausgesetzt ist. Finanziert aus dem STAR WAR PROGRAM der US-Regierung, finanziert von Universitätsgeldern, finanziert u.a. durch die gleichen privaten Geldgeber, die bereits beim MONTAUK PROJEKT finanziell beteiligt waren - mal wieder eine unheilige Allianz zwischen Kapital, Militär, Geheimdienst und Wissenschaft.
Im Gegensatz zum Geheimprojekt in Montauk ist das HAARP-Projekt öffentlich. Es gibt Haushaltsposten, öffentliche Besichtigungen und von Anfang an eine offensive Pressearbeit.
Nichts Geheimes? Alles öffentlich? Natürlich bei weitem nicht. Was kann das Projekt, was soll es können? Wenn man den HAARP-Projektleiter, John Heckscher, fragt, so antwortet er: „Dies ist kein System zur Kriegsführung, dies ist eine Forschungsanlage!“ Warum dann allerdings einer der weltweit größten Rüstungskonzerne sämtliche Grundlagenpatente der HAARP-Technologie aufgekauft hat? In diesem Buch, das unter Mitarbeit von Menschen zustande kam, die in dem Projekt involviert sind, treten wir den Beweis an, das das Projekt folgendes kann:

1. weltweite Wettermanipulation
2. einzelne Ökosysteme beeinträchtigen
3. elektronische Kommunikationssysteme weltweit lahmlegen
4. Bewusstseinskontrolle über Menschen ausüben (emotionales Befinden, Gemütszustände verändern)
5. Strahlenwaffen konstruieren.

Der Spiegel und auch der Focus haben bereits über das Projekt berichtet, das Fernsehen hat eine eigene Sendung gebracht, aber das Fazit ist durchweg dasselbe: Es ist lediglich eine Forschungsanlage, alles ganz harmlos, alles ganz friedlich. Das z.B. pro Betriebsstunde (laut offizieller Projektbeschreibung) die Energie von einer Hiroshima-Bombe in die Ionosphäre gepumpt wird (dauerhaft), davon redet keiner.
Wir veröffentlichen gut recherchiertes Material, das z.T. unter schwierigen Bedingungen zusammengetragen wurde, wir veröffentlichen alle Grundlagenpatente (interessanterweise alles Tesla-Technologie). Dieses Buch ist brisant, vielleicht das brisanteste Werk, das wir je verlegt haben. Schlüssel zu der ganzen Technologie bilden die Erfindungen von Nikola Tesla zur drahtlosen Energieübertragung.

280 Seiten incl. der
12 Grundlagenpatente
58,00 DM DM
ISBN 3-89539-266-9

Walt & Leigh Richmond

Das verschollene Jahrtausend

Dies ist kein Sachbuch - dies ist ein Roman!
Ein Roman? Wäre es nur ein Roman, wir hätten es nicht verlegt.
Romanhaft beschreiben der Physiker und die Journalistin Walt und Leigh Richmond Experimente mit Energie und Zeit, zur Zeit von Atlantis. Warum mußte Atlantis untergehen? Ein Buch, das sich vor allem dadurch auszeichnet, daß es romanhaft ein enormes Wissen zum Thema Energiesteigerung, drahtlose Energieübertragung etc. verbreitet. Die Eheleute Richmond sind Teslakenner und Kenner dessen, was mit seiner Technologie alles möglich ist - bis hin zur Zerstörung der Welt. Mit diesem Buch haben sie ein Mahnmal gegen den Machbarkeitswahn geschaffen. Das Buch beschreibt und entlarvt die militärischen Aspekte des HAARP-Projekts, bevor das Projekt begann. Das düstere Szenario eines hochkarätigen Wissenschaftlers, der seiner moralischen Verantwortung folgte und aufzeigte, wohin ein Technologie führen kann/führte, bevor sie in Form des HAARP-Projekts Wirklichkeit wurde.
Heute gehören die Richmonds zu den aktiven HAARP-Kritikern.

ca. 200 Seiten
ca. DM 32,—
ISBN 3-89539-292-8

NEUE ENERGIEN

Bruce L. Cathie

Die Harmonie des Weltraums

Bruce L. Cathies Forschungen begannen bereits in den 60ger Jahren als er als Pilot für die „New Zealand Air“ tätig war. Gegenstand seiner wissenschaftlichen Arbeit war die heilige, weil harmonische Geometrie der Erde und ihr Energiesystem.
Sein aktuellstes Buch ergänzt und komplimentiert sein gesamtes bisheriges Wirken. Gleichzeitig führt es die Leserschaft in Bereiche, wo Wissenschaft und Unerforschtes zusammen kommen.
Die Mathematik des Weltgitternetzes und die Verbindungen zwischen den menschlichen Gehirnwellen, der Erde, der Ionosphäre, der Schwerkraft wie auch die überraschenden Parallelen zwischen Stonehenge, den Pyramiden auf dem Mars und und und, werden anschaulich dargestellt.
Das Buch greift darüber hinaus folgende Themen auf: Nikola Teslas Elektro Auto, und Robert Adams Pulsed Electric Motor Generator.
In dem Werk finden wir Tafeln, die die harmonische Beziehung zwischen dem Erdmagnetfeld, der Lichtgeschwindigkeit und der Antigravitation aufzeigen.

Seiten ca. 300
DM ca. 38,—
ISBN 3-89539-297-9

Neue Perspektiven

Joscelyn Godwin

Arctos -

Das Buch der Hohlen Erde

Endlich ist es soweit. Vor geraumer Zeit erstmalig angekündigt erscheint nun endgültig in diesem Sommer „Das Buch der Hohlen Erde". Nach verschiedenen Schwierigkeiten mit einem eigenen Autorenteam, haben wir uns entschlossen zu schauen, was es an fundierter Literatur zur „Hohlwelttheorie" auf dem internationale Buchmarkt gibt. Über australische Freunde stießen wir auf den Amerikaner Godwin der seit vielen Jahren zu den wohl fundiertesten Vertretern der „Hohlwelttheorie" zählt. Sein aktuelles Werk „ARCTOS" darf man ohne zu übertreiben als „**DAS** Hohle Erde Buch" bezeichnen. Sachlich und überzeugend trägt er Fakten zusammen und stellt der allgemeinen Wissenschaftstheorie über den Aufbau der Erde ein wissenschaftlich überzeugendes Gegenmodell entgegen. Das Buch liest sich spannend wie ein Roman. Die Leserschaft von Jules Vernes Roman: „Reise zum Mittelpunkt der Welt" werden sich bestätigt fühlen, sehen sie doch in diesem Buch einer der letzten Bestätigung von Jules Verne großartiger Schau. Für die Vielzahl der anderen Lesern und Leserinnen wird jedoch manch lieb gewordenes Bild in Frage gestellt werden. Unsere Wissenschaftsgläubigkeit und ein bisher nicht hinterfragtes Weltbild wird durch dieses Werk erschüttert.

48,00 DM
ISBN 3-89539-287-1

Neue Perspektiven

Marc Carlotto

Faszination Mars

Das faszinierende und wohl aktuellste Werk zum Mars.
Haben Sie jemals das „Gesicht vom Mars“ gesehen, dann haben Sie ein Marc-Carlotto-Bild gesehen.
Marc Carlotto hat ein gewaltiges Archiv von Marsbildern.
Ein sachlich, informatives Werk mit einer Vielzahl neuer und neuester Bilder.
Redaktionsschluß für die Bilder war der 31.7.97, so daß auch aktuelle Bilder der derzeitigen Marsexpedition Eingang gefunden haben.
Marsgesicht und Landebahnen und die Pyramiden und und und finden Sie in „Faszination Mars“, dazu kommt eine absolut fachgerechte und sachliche Redaktion, die das Buch zu einer informativen, wissenschaftlichen aber auch spannenden Lektüre macht.

38,00 DM
ISBN 3-89539-263-4

Gesundheit

AIDS

Es dürfte weltweit keinen kompetenteren AIDS Kritiker geben als Prof. Duesberg.
Times und Spiegel widmen ihm Titelgeschichten, in der medizinischen Fachpresse wird er als Koryphäe gefeiert oder aber auch totgeschwiegen. Seine Kritik ist grundsätzlicher Art.
Er kann Hunderte von Fällen aufzeigen die HIV Positiv sind und nie an „AIDS“ erkrankten.
Er kann genauso viele Fälle aufzeigen, die an „AIDS“ gestorben sind ohne irgendeinen HIV Erreger und er kann Hunderte von Fällen aufzeigen, von Menschen die an dem AIDS Mittel AZT gestorben sind.
Das gängigste AIDS-Mittel „ AZT “, für die Krebstherapie entwickelt und wegen der enorm vielen Nebenwirkungen vom Markt genommen, führt zur totalen Verpilzung des Darms.
Im Darm befindet sich 90 % unseres Immunsystems. Dieser Bereich wird durch das Mittel völlig zerstört. Nährstoffe können nicht mehr aufgenommen werden, das klassische Bild des hohlwangigen AIDS Patienten, hat hier sein Ursprung.
Dies und eine ganze Reihe mutiger Denkansätze und Forschungsergebnisse, was denn nun schlußendlich AIDS ist, finden wir in seinem Buch, das ab August in deutscher Sprache lieferbar sein wird. Dieses Buch wird in Deutschland für Aufsehen sorgen. Wir erwarten gerade bei dem Titel ein großes Presseecho.

48,00 DM
ISBN 3-89539-284-7

EDITION PANDORA

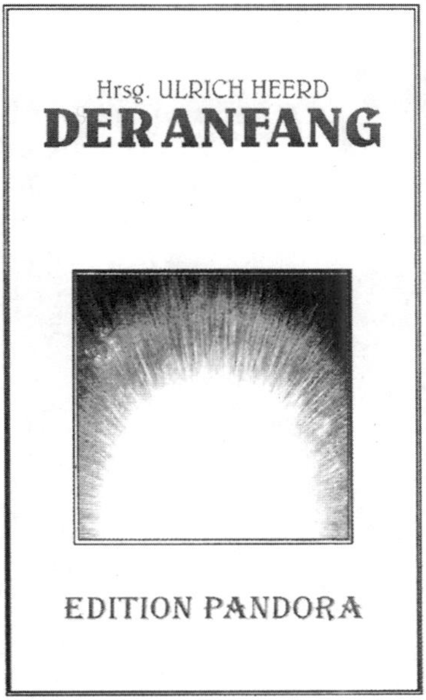

Hrsg. Ulrich Heerd

DER ANFANG

In diesem Buch erzählt uns der Autor von seinen Erlebnissen in der „Mitte der Nacht".

Er beschreibt in einer Sprache, die noch ganz von dem Erlebten geprägt ist, seine persönliche „Einweihung". Er schildert uns seine Begegnung mit einer Wesenheit, die er „Maria Sophie" nennt, und an ihrer Hand durchschreitet er die Sternensphäre, um am „See ihrer Augen kniend" den Urbeginn der Schöpfung zu sehen, „seine Uroffenbarung" zu erhalten.

Das Buch hat nicht den Anspruch, letzte Wahrheiten zu verkünden, „denn der Welt ist nicht Not an Antworten. Der Welt mangelt es an wirklichen Fragen...".

Der eine oder andere wird dieses Buch weglegen und nichts damit anzufangen wissen. Der Autor hofft aber, daß es auch LeserInnen geben mag, die seine Bilder über den Urbeginn, über die Würde und Freiheit des Menschen und über das Opfer aufnehmen und in sich wachsen lassen.

Geht man solcher Art mit diesem Büchlein um, kann es zu einem ganz persönlichen Buch werden. Dann mögen Bilder und Fragen in der Seele dieser Menschen auftauchen und wachsen, und die sind Voraussetzungen zu einem notwendigen Handeln.

Damit würde das großartige Geschenk, das der Autor von seiner „Reise bis zu seiner Sehnsucht Rand" für sich mitgebracht hat, ein Geschenk auch für diese LeserInnen.

Ohne das Gegengewicht dieses Buches, hätten wir die Edition Pandora nicht verlegen können. Deswegen erscheint dieses Büchlein als Band 1 in der Reihe.

Preis: 18,00 DM
ISBN 3-89539-298-7

UNSERE BESONDERE BUCHEMPFEHLUNG

Edition Jonathan May

Namen und Organisationen der Geheimen Weltregierung

Komitee 300

CFR und Round Table, Bilderberger und Komitee 300, Geheimdienstchefs, Großindustrielle und Politiker.
Das Buch ist zweigeteilt. Im ersten Teil stellt John May anhand von umfangreichen Namensregistern die Verquikkung von Politik, Industrie und Hochfinanz einfach und übersichtlich dar. Dieser 1. Teil ist kein Lesebuch, eher ein Nachschlagewerk, ein „who is who" der Machtelite.
Im 2. Teil geht der Autor auf die Macht der Global Players ein. Wie ungeheuer mächtig allein schon deutsche Firmen sind, soll hier an einigen Beispielen aufgezeigt werden.
Macht am Beispiel Deutsche Bank
Macht am Beispiel deutscher Chemiekonzerne (Bayer, BASF, Hoechst)
Macht am Beispiel ...

ca. DM 19,80
ISBN 3-89539-275-8

EDITION PANDORA

Milton William Cooper

DIE APOKALYPTISCHEN REITER

Behold a pale horse

Als ehemaliger, in führender Position beschäftigter Geheimdienstmann belegt er, entlarvt er und beweist er die schreckliche Tatsache: die Existenz einer geheimen Weltregierung. Er nennt Namen und Quellen. Er schreibt, welche Organisationen und welche Techniken von wem und wie benutzt werden.

Ein Buch das mahnt. So wie die Indianer einst Christoph Columbus zujubelten, um dann durch die Krankheiten, die Gier und die Technik des weißen Mannes qualvoll ausgerottet zu werden, so kann uns das mit den Überbringern der „neuen" Technik ebenfalls geschehen.

Ein Werk, das die zunehmende Macht in den Händen weniger, sei es die Groß finanz, sei es die UNO, genauso hinterfragt, wie den Machbarkeitswahn. Hier wird der Schnittpunkt zwischen neuer Technik, außerirdischer Intelligenz, Geheimdiensten, Politikern, Hochfinanz und Logentum schonungslos dargestellt. Dadurch wird dieses Buch zu einer einzigen Mahnung. Die Frage, ob es Kontakte zu außerirdischen Intelligenzen gibt, kann mit den Fakten in diesem Buch endgültig als bewiesen gelten. Viel wichtiger aber sind die Fragen: Was bedeutet das für uns? Welche Gefahren liegen hier für die Entwicklung der Menschheit? Indem er diese Fragen in den Mittelpunkt stellt und aufzeigt, wie die „Fürsten" dieser Welt sich ihrer bedienen, bzw. sich ihrer bedient wird, erfährt dieses Buch erst seine wahre Bedeutung und hebt sich wohltuend von der Vielzahl der „UFO-Bücher" und den Büchern über die „Weltverschwörung" ab.

Preis: 48,- DM
ISBN 3-89539-285-5

EDITION PANDORA

ALTERNATIVE 3

Drei Alternativen sehen die Illuminaten für das Überleben der Menschheit vor.
Alle drei sind gleichermaßen erschreckend.
Von der 3. Alternative handelt dieses Buch: Kolonialisierung des Mondes und des Marses.
Wieweit dieses Projekt gediehen ist, davon berichtete vor Jahren die angesehene, englische, Wissenschaftssendung „since".
Nach der Sendung mußten sich die Redakteure der Sendung für die „Satire" entschuldigen, die Sendung wurde aus dem Programm genommen und dies, obwohl nur ein Teil des geheimen Materials veröffentlicht wurde. Die vollständigen Unterlagen und weitere Materialien haben Eingang in dieses Buch gefunden. Auch dieses Buch ist eine der wichtigeren Quellen von Jan van Helsings „Geheimgesellschaften". **Ein durchweg erschreckendes Buch.**

Preis: 32,00 DM
ISBN 3-89539-288-X

Erscheinungstermin Herbst 96
(Alle bis zum Erscheinen eingehenden Bestellungen werden vorgemerkt und am Tag des Erscheinens umgehend zugestellt.)

EDITION SIRIUS

DAS BÜCHLEIN VOM REINEN LEBEN

Dieses Buch ist anders, anders als so manch anderes esoterisches Werk. Es ist ein Schulungsweg, es ist ein fast kindlich anmutendes Werk, eine Meditation über die Reinheit. Einfach in der Sprache weckt es die „gute Seite" in den Seelen der LeserInnen. Silberner Prägedruck geben dem in blauen Leinen, fein gebundenen Werk etwas von der Form, die dem Inhalt entspricht.
Ein liebenswertes Büchlein über die Einfachheit, die Einheit und Reinheit. Ein Buch, das die tiefsten Seelenschichten anspricht und vor dessen Klarheit sich kein Leser verschließen kann.

Preis: 20,00 DM
ISBN 3-925051-01-5

Liebe Leserinnen und Leser,

in diesem Katalog finden Sie eine Auswahl an ganz besonderen Büchern.
Wir haben uns die Mühe gemacht, aus verschiedenen Verlagen eine ganz besonders interessante Auswahl zu treffen.
Es handelt sich dabei um Titel die in letzter Zeit viel Wirbel gemacht haben, um heimliche Longseller oder um ganz aktuelle Neuerscheinungen.
Bücher aus den Bereichen: Gesundheit, Ernährung, Astronomie, Esoterik und Kinderbuch finden Sie genauso wie Titel zu den Bereichen „Freie Energie", Logentum und Machtmißbrauch. Das wohl aktuellste „Mars-Buch" ist genauso vertreten wie das Buch „Reise in die inneren und äußeren Welten" des NASA Beraters und Astronauten Brian O`Leary. Der weltweit führende Virologe und AIDS Kritiker, der Havard Professor Duesberg genauso wie der vielleicht genialste Erfinder dieses Jahrhun-dert, Nikola Tesla mit „SEIN WERK", sowie das Grundlagenwerk zum Thema „Innen-Welt" - dieser Katalog ist eine wahre Fundgrube.
Wir freuen uns Ihnen all die Titel anbieten zu können und wünschen Ihnen viel Spaß bei Ihrer Entdeckungsreise in die phantastisch-reale Welt des Buches.